中公文庫

関ヶ原合戦

戦国のいちばん長い日

二木謙一

中央公論新社

関ヶ原合戦　目次

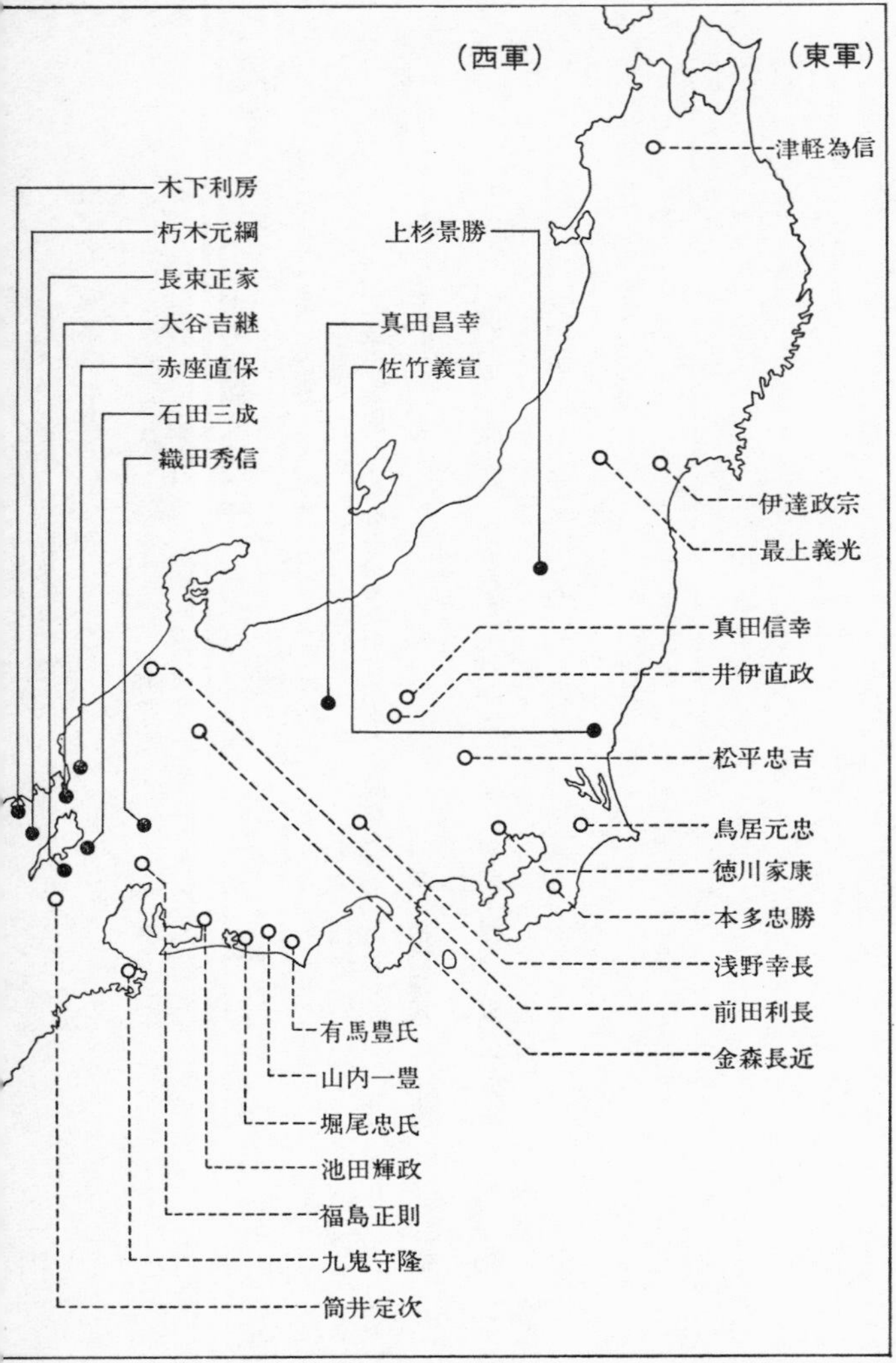

（西軍）
（東軍）
津軽為信
木下利房
朽木元綱
長束正家
大谷吉継
赤座直保
石田三成
織田秀信
上杉景勝
真田昌幸
佐竹義宣
伊達政宗
最上義光
真田信幸
井伊直政
松平忠吉
鳥居元忠
徳川家康
本多忠勝
浅野幸長
前田利長
金森長近
有馬豊氏
山内一豊
堀尾忠氏
池田輝政
福島正則
九鬼守隆
筒井定次

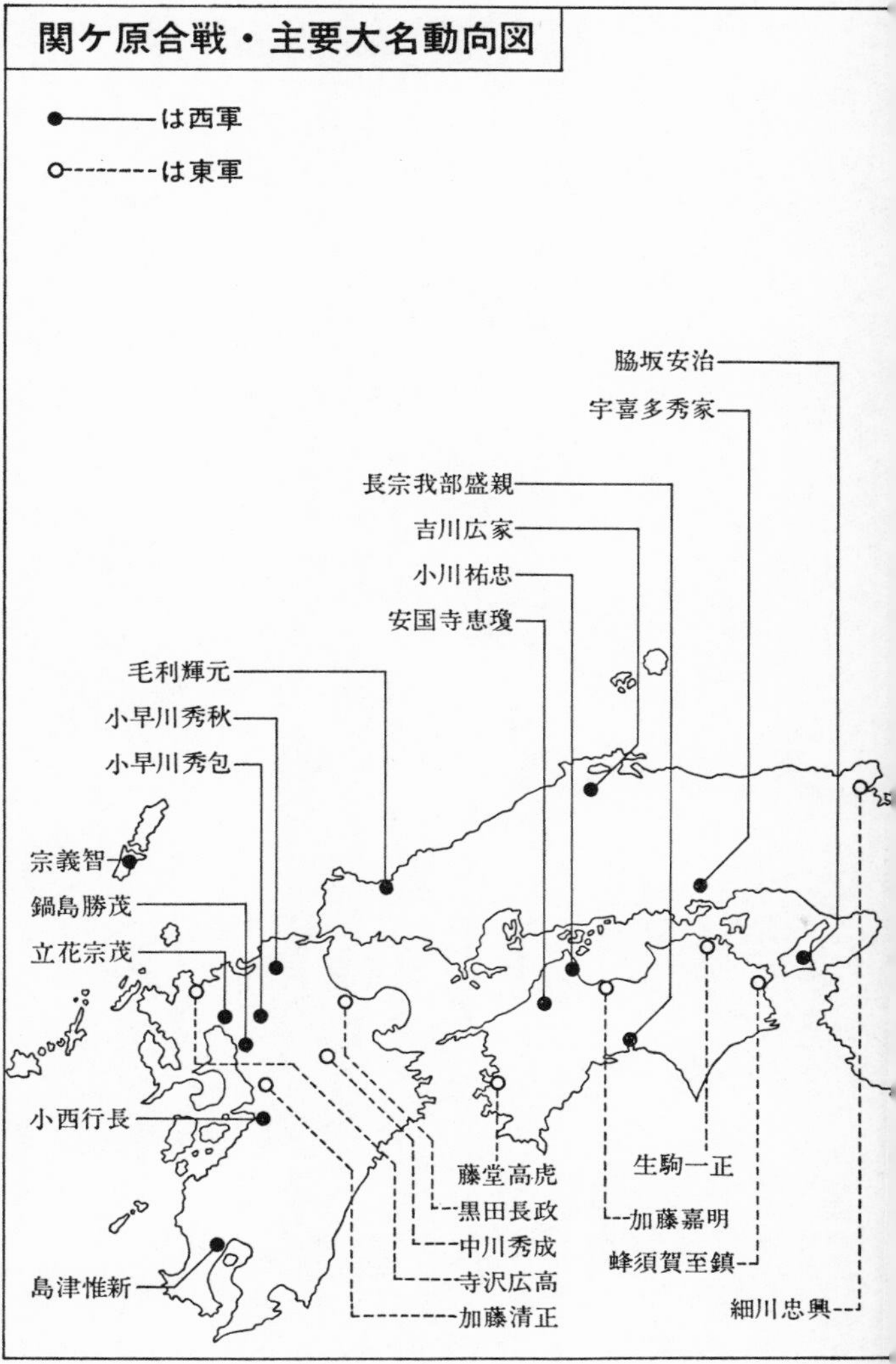
関ケ原合戦・主要大名動向図
●―――は西軍
○-------は東軍
脇坂安治
宇喜多秀家
長宗我部盛親
吉川広家
小川祐忠
安国寺恵瓊
毛利輝元
小早川秀秋
小早川秀包
宗義智
鍋島勝茂
立花宗茂
小西行長
島津惟新
藤堂高虎
黒田長政
中川秀成
寺沢広高
加藤清正
生駒一正
加藤嘉明
蜂須賀至鎮
細川忠興

関ケ原合戦

戦国のいちばん長い日

十四日午後七時

泥まみれの行軍

——関ヶ原でくい止めねば（石田三成）

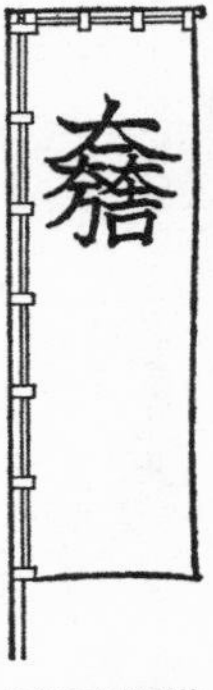

石田三成軍旗

西軍大垣城を出る

慶長五年（一六〇〇）九月十四日（新暦の十月二十日）、その日は秋雨が降りしきる肌寒い陰鬱（いんうつ）な夜であった。いま、時刻はおよそ午後七時、完全武装をした西軍の兵士たちが、次々と大垣城を脱け出て、闇の中に消えていく。めざすは関ヶ原である。

当時、美濃大垣城は西軍の前線司令部となっていた。この城は豊臣家臣伊藤彦兵衛盛正（三万四千石）の居城であったが、東山道（中山道）と美濃路を結ぶ交通の要地にあたるため、東海道と東山道の二手に分かれて西上してくる東軍に対する基地として最適である。三成は伊藤氏を説いて城を明け渡させ、八月十一日西軍の兵を入れたのであった。

現在の大垣城は、昭和三十四年に再建された鉄筋コンクリートづくりであるが、昭和二十年七月戦災で焼失する以前は、三層四階建て総塗りごめ様式の天守閣をもつ優美な城であった。

関ヶ原は大垣の西方、およそ十六キロほどの距離である。闇をついて進む先頭は石田三成の率いる約六千、ついで島津惟新（義弘）、小西行長、宇喜多秀家らの諸軍合わせて三万余。

彼らの目的は、

——赤坂付近に集結していた東軍が、佐和山城を襲い、さらに大坂に向かって進むらしい。

との情報をキャッチしたため、密かに兵を関ヶ原に移動し、東軍を迎撃大破しようというのである。

三成の挙兵

話はこれより少しさかのぼる。石田三成らの西軍が、家康打倒のための挙兵計画を行動に移したのは、六月下旬、すなわち家康が会津征伐のために伏見を発って東下していった直後のことであった。

『関原軍記大成』には、三成が六月二十日付で、会津の上杉景勝の家老直江兼続に宛た書状を載せている。それは、一昨日の十八日に家康が伏見を出馬したことを報じて、かねてからの計画を思いどおりにするための天与の機会である、と喜ぶとともに、

――我らも油断なく支度をしている。来月の初め佐和山を発ち大坂に入るつもりである。輝元・秀家その他無二の味方がいるから御安心下され。その地の様子をうけたまわりたい。中納言殿（景勝）へも別書をもって申し上げるので、何分、よしなにお取次ぎ願いたい。

というものである。

俗説では、会津の上杉景勝は三成と共謀して東西から挙兵して、家康を挟撃しようと企てたといわれ、そのために直江兼続が三成に送ったという「直江状」と称する古文書までが偽作されたほどである。

景勝が前年（慶長四年）の八月に会津の若松に帰城して以来、領国内の城砦（じょうさい）を修築したり、兵備を整えたりしたことは事実である。だがこれは、家康を討伐しようと企てたというよりも、秀吉死後の社会の動揺につけこみ、越後の旧領を回復しようと画策したものであったらしい。また当初において、景勝が三成と共謀して家康打倒をはかったという確かな証拠もみあたらない。

そもそも、会津出兵の発端は、上杉景勝が慶長三年正月に越後春日山から会津に移封されたあとに、越後に入部した堀秀治が、一揆に悩まされ、これを景勝の煽動によるものと警戒し、家康に訴えたことに起因しているらしい。

そして慶長五年の正月、上杉家重臣藤田信吉が秀頼および家康に年賀のために上京してきた際、景勝に上京するよう促した。そこで帰国した信吉は、この家康からの伝言を報告

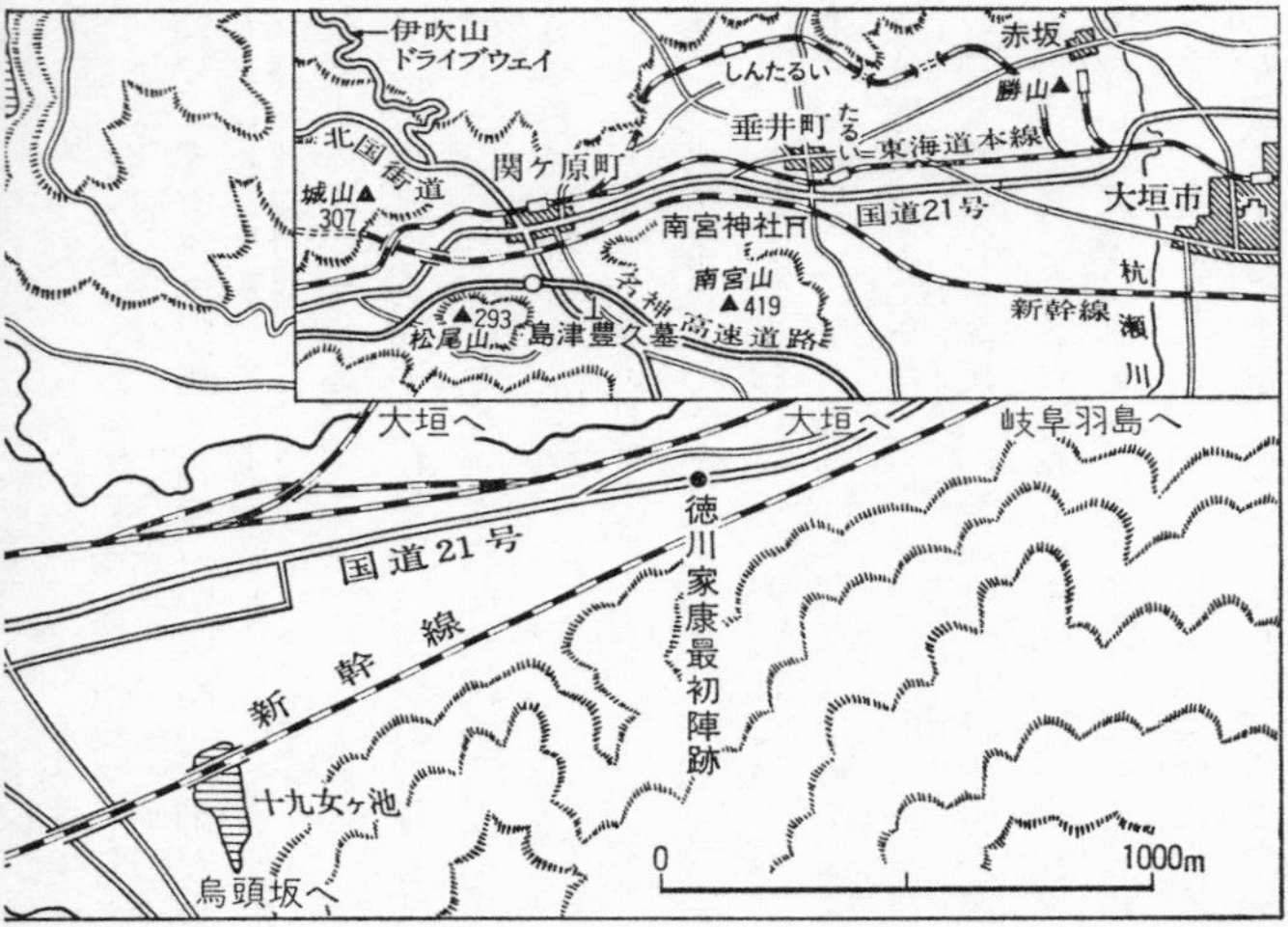

したが、景勝の老臣直江兼続らは信吉が家康と通じたものと疑い、これを殺すことを景勝に具申した。そのことを知った信吉は会津を脱出し、江戸の徳川秀忠に会津の動静を告げた。この情報は間もなく伏見の家康にも伝えられた。家康はただちに使者を景勝のもとに送って上洛と陳謝を勧告したが、景勝がこれに応じないため、これを豊臣家に対する反逆的行動とみなして、会津遠征軍を起こすことを決したのである。

上杉氏にしてみれば、この戦争は受け身の形であった。しかし、家康が上杉景勝征討の軍を起こし、また石田三成が家康打倒のための挙兵を計画したとなれば、景勝と三成、すなわち家康を共同の敵とする両者が結びつくのは当然であろう。

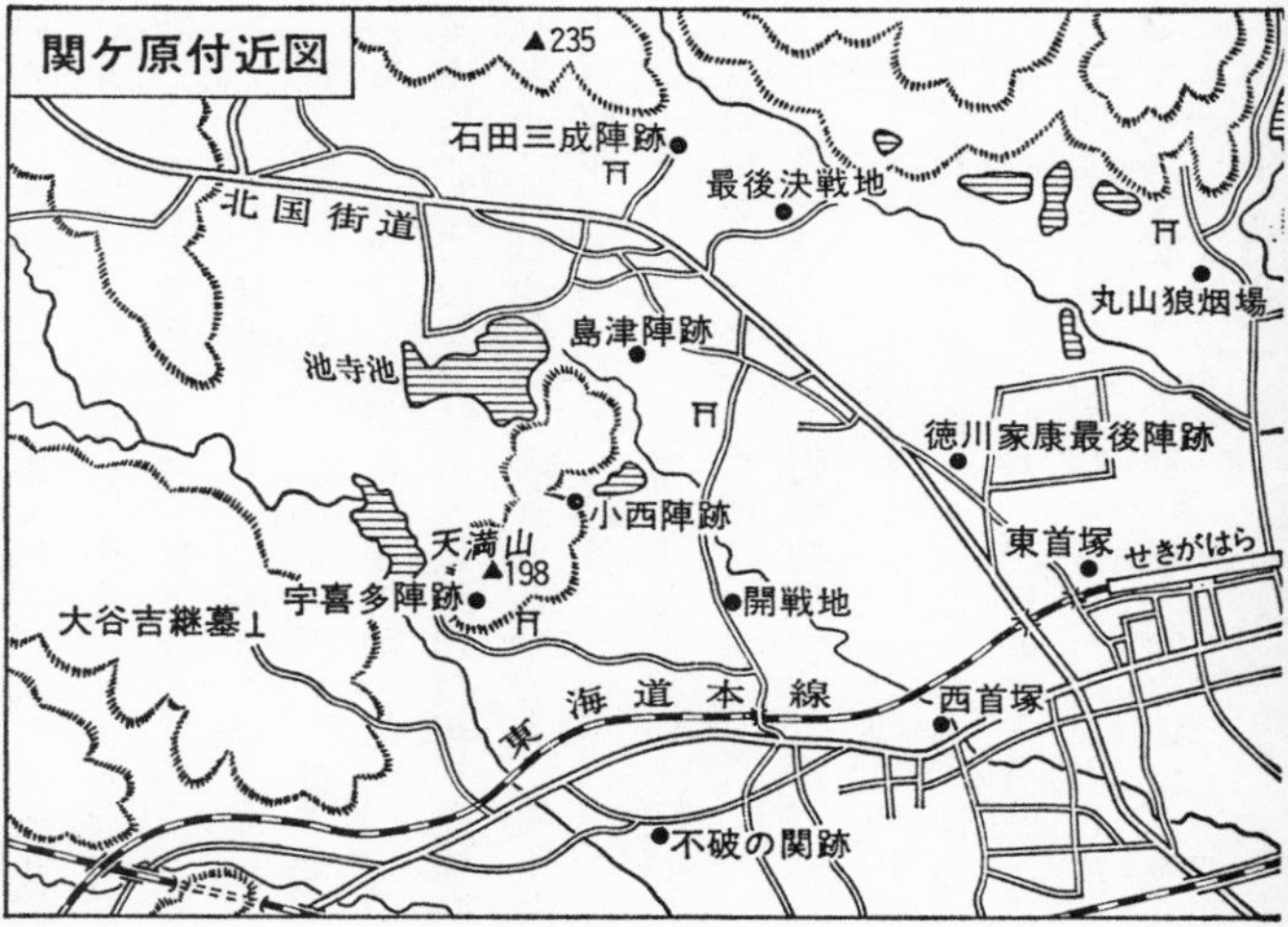

関ケ原付近図

関ヶ原合戦の際の上杉氏関係史料は、石田・直江共謀説の流布とともに偽作されたものが多い。とりわけ上杉景勝・直江兼続と石田三成との往還文書には偽文書とみなされるものも少なくない。けれども、家康の会津出兵以後のものは、信用できる内容のものも認められる。この後、三成は直江兼続と頻繁に音信を通じ合いながら、挙兵のための戦備に奔走した。

　七月の初め、三成は東下の途中にあった越前敦賀城主大谷吉継を垂井（たるい）から佐和山に迎えて、挙兵の企てを打ち明けて協力を求めると、次のような計画を立てた。それは、第一に、前田玄以（げんい）・増田（ました）長盛・長束（なづか）正家の三奉行に、毛利輝元を西軍の総大将として迎えたいという書をつくらせ、これを安国寺恵瓊（えけい）を使者として安芸の広島に遣わすこと。第二に、三成の兄・正澄を近江国愛知川に派遣し、会津遠征のために東下しようとする諸将を引き留めること。第三に、岐阜城主織田秀信に豊臣秀頼の後援者となることを乞うための使者を出すこと。そして第四には、諸大名が京・大坂に置いていた妻子の帰国を禁止し、人質とする。というものであった。

江戸時代には徳川幕府が諸大名を臣従させ、中央集権の実をあげるために、諸大名の江戸参勤と、妻子の江戸常住を規定したが、その起源は兵農分離による大名の家臣の城下町集中に発している。織田・豊臣氏の統一政権の登場にともない、大名が安土城・大坂城・伏見城下に邸を設け、妻子を置いたが、それは統一政権にとっては大名の謀叛を警戒する人質政策でもあったのである。

このうちの三奉行連署による毛利輝元宛の書状は七月十二日付で出され、諸大名の妻子の人質徴集は翌十三日に始められた。

毛利輝元は奉行らの書状を受領するや、七月十五日に乗船して、翌十六日に大坂に到着した。しかし人質徴集作戦のほうはあまり成功しなかった。それは、留守をあずかる各家の侍臣らが、懸命に脱出を策したからである。加藤清正の妻は、大きな水桶を二重底にした中に隠して担ぎ出した。黒田如水・長政父子の妻は、病(やまい)の老臣を医者に連れて行くと称して何度も屋敷を出入りするうちに脱出した。その際、乗物の戸を半開きのままにして見張りの兵を安心させ、前に座った老臣が、うしろに潜めた奥方ともども寝巻を引きかぶっていたという。また水谷勝俊の子は夜中に乳母が抱きかかえて脱出に成功し、近衛前久の屋敷に駆け込んで、風呂の中にかくまってもらった。そのほか、諸大名の屋敷では決死の覚悟を定めて堅く門を閉じ、加藤嘉明の邸では城楼を設けて大筒までを仕掛けて待機していた。が、そのうちに、細川（長岡）忠興の妻ガラシャが、人質とされることを拒否して自決し、家に火をかけさせるという抵抗を示したため、三成も強硬な人質徴集策はかえって混乱を招くことを悟ったのであった。

その後、七月十七日、奉行らは宇喜多秀家らと相談の結果、毛利輝元を西軍の総大将と定めて、大坂城の西ノ丸に入れるとともに、家康の罪悪十三カ条を列挙した条書に、前田・増田・長束の三奉行の連署になる檄文（げきぶん）を添えて、諸大名に公布した。その条書は「内府ちか（違）ひの条々」と題したもので、十三カ条の内容は、

一、五人の奉行、五人の大老が誓紙連判して約束を交わしてから幾程（いくほど）もないのに、浅野長政と石田三成の二人を追い込めるようなことをした。

一、五人の大老の内、前田利家が病死したのち、子息の前田利長がすでに誓紙を出して礼節をつくしているのに、今度は上杉景勝征討にかこつけて、前田から人質を取り、追い込めるようなことをした。

一、景勝には何の科（とが）もないのに、誓紙の約束を違え、太閤様の御置目（おきめ）にも背き、今度討ち果たされるのは歎かわしく思い、種々その理を説いて申し聞かせたのに、ついに許

容することなく会津へ出兵した。

一、知行方のことは、自分で召し置くことはもちろん、取次をもしてはならぬと誓い合ったはずであるが、その約束を破り、何の忠節もない者どもに対して、勝手に知行を与えている。

一、伏見城のことも、太閤様が定められた留守居の者を追い出して、私に人数を入れて占拠した。

一、拾人（五大老と五奉行）のほか、誓紙をやり取りするようなことはしないと誓い合ったのに、数多とり交わしている。

一、政所様（秀吉の後室）を大坂城西ノ丸から追い出して、自分が居住している。

一、御本丸のように、西ノ丸にも天守をあげた。

一、諸侍の妻子を人により、依怙贔屓に国元へ帰すようなことをしている。

一、縁組のことについては、御法度に背いたので、かってその理を申して合点しているはずなのに、重ねてなお多くの縁組を行なっている。

一、若い衆を煽動して、徒党を組ませるようなことをしている。

一、五奉行や五大老がそろって連判すべき文書に、家康が一人で署判をしている。

一、内縁の者の奔走によって、石清水八幡宮の社領の検地を勝手に免除した。

というものであった。

また、この条書に添えられた三奉行の檄文には、

——さっそく申し入れる。今度景勝を討つために発向したことは、内府公（家康）がとり交わした誓紙ならびに太閤様の遺された御置目に背き、秀頼様を見捨てられて出馬したことにほかならない。そこで我らは相談の結果、武力をもってこれに制裁を加える次第である。内府公が誓約に背いた悪事の条々は別紙の通りである。この旨をもっともとおぼし召され、太閤様からいただいた御恩を忘れぬと思うなら、秀頼様へ御忠節あるべきであろう。

と書かれていた。つまり、この三奉行が発した家康を糾弾（きゅうだん）した十三カ条の条書と檄文の内容は、主として、いわゆる五大老と五奉行らが、病床の秀吉に対して将来の忠誠を誓い、互いに交換し合った誓書に違反しているとし、その家康の悪逆非道の数々を並べたてたものである。

秀吉は晩年におよび、わが亡きあとの嗣子秀頼と豊臣家の行く末を心配し、組織・体制の力によって守ろうと考えた。これが五大老・五奉行の制であり、徳川家康・前田利家・宇喜多秀家・毛利輝元・上杉景勝を五大老、そして浅野長政・前田玄以・石田三成・長束正家・増田長盛を五奉行とした。その成立は慶長三年七月、すなわち秀吉死去の直前であったといわれている。また小瀬甫庵の『太閤記』には生駒一正・中村一氏・堀尾吉晴を三中老（小年寄）としたとあるが、三中老のことは確かな文献には見えず、学界では三中老

の存在について否定的な見方をする人が多い。

五大老・五奉行らは数回にわたって互いに誓書を交換し合い、大体この条書に見えるようなことに関して誓約をしていたのである。とくに、条書にある知行方のこととは、秀頼が成人するまでは、訴訟があっても一切これを受けつけず、たとい領地を下されても拝領しないというとりきめで、これは家康自身がいい出していたことであった。しかし家康は細川忠興や森忠政らに勝手に加増していた。また縁組のこととは、許可なくして婚姻を結ぶことを禁じたものであるが、家康はこれをも無視して、ひそかに伊達政宗の娘を六男松平忠輝に、また家康の異父弟松平康元の娘を養女として福島正則の子正之に、小笠原秀政の娘を養女として蜂須賀家政の子至鎮(よししげ)に、家康の従弟水野忠重の娘を養女として、加藤清正の子忠広に、それぞれとつがせる密約を交わしていたのである。

家康のこうした数々の誓約違背行為に対して、他の大老や奉行たちが抗議したこともあった。だが家康は、

——一時の忘却であった。以後は注意する。

と答えて、詰問に承服しようとはしなかったのである。

三奉行の連署による、家康糾弾の条書と檄文が発せられた同日(七月十七日)、これとは別に、毛利輝元と宇喜多秀家が連署した同様の檄文を、前田利長に送っていた。

こうした檄文に応じて、近畿および中国・九州地方の諸将がぞくぞくと大坂に参集して

きた。その主な顔ぶれは、毛利輝元・宇喜多秀家・小早川秀秋・島津惟新・立花宗茂・小西行長・毛利吉成・鍋島勝茂・秋月種長・相良頼房・高橋元種・生駒親正・長宗我部盛親・蜂須賀家政・脇坂安治・安国寺恵瓊らで、その兵数は合計九万五千ほどであった。

西軍の先制攻撃

七月下旬、大坂に参集した諸将により軍議が開かれた。その席上、副総帥の宇喜多秀家は、

——いま数万の兵を抱えて、敵の来るのを待つは上策でない。家康としては、進んで会津を攻めるか、退いて江戸を守るか、あるいは西上するか、これら三つの中の一つを採るであろう。この際はよろしく境を越えて兵を出し、敵の機先を制するにしくはなかろう。

と述べた。諸将はみなこの意見に賛成したので、次のような作戦が立てられた。

一、毛利輝元・増田長盛は、大坂にあって秀頼輔佐の任にあたる。

二、宇喜多秀家・石田三成・長束正家は他の諸将とともに美濃・尾張方面に進出して、家康の動向をうかがい、以後の行動を決する。

三、大谷吉継は北陸方面の攻略にあたる。

四、家康がもし西上してくれば、輝元は大坂から美濃・尾張方面に進出し、秀家とともに全軍を指揮して、敵と勝敗を決する。

要するにこの作戦は、家康を相手に乾坤一擲（けんこんいってき）の決戦を敢行するにあたり、まず美濃・尾張方面を押さえて、西軍の戦闘態勢を優位に導き、その後は家康の行動に応じて対処しようというものであった。

作戦計画はただちに実行に移された。指示に従って諸将の兵が進発し、攻撃が開始された。すなわち、家康の京都伏見城をはじめ、東軍に属した細川氏の丹後田辺城、そのほか伊勢・美濃方面に進出するための通路を扼する富田氏の伊勢安濃津城、古田氏の伊勢松坂城等で、ほぼ時を同じくして戦闘の火ぶたが切られた。

これら東軍方の諸城のうち、伏見城は八月一日に陥落させ、安濃津城・松坂城は八月下旬、田辺城は九月十三日にそれぞれ開城させた。三成が大垣城を出撃した九月十四日の午後七時の時点において、畿内周辺でいまだ攻防を続けているのは、京極氏の近江大津城だけであった。が、この大津城もその日の夜更に降服させることになる。

これらの城攻めは、いずれも惨劇をきわめたものばかりであった。

伏見城は、徳川家臣の鳥居元忠・内藤家長・松平家忠らの指揮する千八百余の兵の、必死の防戦によって容易に落ちなかった。そこで包囲軍は、長束正家が城内松ノ丸にいた甲賀武士に矢文を放った。文面は、

——甲賀に残した妻子をことごとく磔（はりつけ）にする。ただし城内に火を放って内応すれば妻子の命を助けるのみならず、恩賞を与えよう。

というものであった。これに驚いた甲賀武士の四十人が内通に応じ、松ノ丸に火をかけたため、これを機として伏見城は陥落し、鳥居元忠以下の守備兵は玉砕したのである。

富田信高の伊勢安濃津城（現在の津）では、多くの一般庶民が犠牲になった。関東から帰城した信高が、籠城にあたって、近在の百姓村から老人や婦女子らの身柄を拘束し、これを人質として壮年男子らを使役していたからである。このため落城の際には城内に取り籠められていた多くの老幼、婦女子らが銃弾に斃れたのであった。

細川（長岡）忠興の父幽斎が守っていた丹後田辺城（現在の舞鶴）の開城は劇的であった。幽斎は歌学者としても著名な武将であるが、小野木公郷（きみさと）の率いる一万五千の西軍に攻められ、わずか五百の守備兵は、玉砕もまぢかにみえた。

このとき八条宮智仁親王が、万が一幽斎が戦死すれば、幽斎相伝の古今伝授が永久に絶えるであろうと憂慮し、使者を派遣して幽斎に開城を勧告した。しかし幽斎は勧告を辞退し、使者に託して古今集証明状などを朝廷に献上した。

ところが九月三日になると、後陽成天皇の勅使として権大納言烏丸光宣、前大納言中院通勝らが、前田玄以の養子前田茂勝を従えて田辺に到着。

——幽斎は文武両道にひいで、ことに禁中において伝統が絶えた古今和歌集の秘訣を伝えた帝王の師範、歌道の国師とも称すべき士である。もし幽斎がここで命を落とすことがあれば、古今集秘事の伝統は永遠に絶えるであろう。よろしくすみやかに田辺の囲みを解くべし。

と、西軍を説諭した。西軍の諸将は勅命を奉じてただちに兵を収めたので、勅使は前田茂勝を先頭に田辺に入り、さらに叡旨を伝えた。そこで幽斎も勅命を畏み、城を茂勝に明け渡したのであった。

このように、畿内周辺における西軍の攻城戦は、かなり優勢となっていた。しかし、肝心の美濃方面の戦局は、はかばかしくなかった。ことに、織田秀信の守る岐阜城と、これに呼応していた杉浦重勝の竹ヶ鼻城が攻落された八月二十三日以降、西軍の、東軍に対する最先端の防衛基地となっていた大垣城周辺にも、ぞくぞくと敵軍が集結しはじめていたのである。

来たるべき来襲に備え、三成は島津・小西・宇喜多らの西軍の諸将らに大垣入城を招請した。しかし東軍は赤坂付近に駐屯したまま、いっこうに大垣を攻める気配をみせず、垂井および関ヶ原方面に放火したので、

――これは大垣を黙殺して、三成の居城である佐和山を襲う計画ではないか。

と判断し、西軍諸将に関ヶ原付近に来着するように依頼し、三成自身は一時佐和山に帰って防備を固めたこともあった。

三成の要請を受けて、九月五日前後の頃から、大谷吉継・毛利秀元・吉川広家・小早川秀秋・長宗我部盛親・長束正家らの率いる軍勢が、赤坂の西方にあたる関ヶ原付近の山や

丘の上に陣を構えた。三成はさらに西軍の士気を高めるために、大坂城の毛利輝元に急使を走らせ、

――秀頼様を奉じて大垣城へ御動座を……

と、出馬を促した。だが、大坂からの返報はなかった。

――大坂へ向かった使者が、途中で東軍方の兵に捕えられたらしい。

――いや、毛利殿出陣の直前、大坂城内に敵方への内通者がいることが判明したということだ。

総大将毛利輝元の出馬がなされず、不安にとりつかれた西軍方の陣中には、こんな噂が流れていたようである。

この当時、大坂城の主豊臣秀頼は、八歳の幼君にすぎなかったから、万事は毛利輝元や増田長盛・前田玄以などの奉行らがとりしきっていた。しかし、寄合所帯的な西軍陣営にとって、秀頼の存在は、まさに掌中の珠であり、全軍統合の象徴であった。

大坂城にいた兵力は『真田軍功家伝記』の記すところによれば、大坂御留守居、御小姓衆、御弓鉄砲衆、前備後備、それに毛利輝元、前田玄以、増田長盛らの手兵、伊賀口警備の兵等を合わせて、「四万弐千四百人」ほどであったという。

高まる緊張

三成らが大垣城の兵を関ヶ原へ移動させたこの十四日は、朝から緊張の連続であった。正午近くになって、赤坂付近の東軍兵士の数が急激に増加している気配が感じられたのである。

——さては家康の到着か。

西軍陣営には動揺の色がみえた。が、三成の家老島左近勝猛(かつたけ)などは、

——家康は会津の上杉景勝に釘づけにされているはず。まさか！

と信じなかったという。そこで確かな斥候を出したところ、やはり家康の到着が事実であることが確認されたのである。戦時では、総大将の居所を敵方に悟られないようにするのが普通である。そのためには、しばしば敵の目を欺く方策をとることさえあった。家康に従軍していた医師板坂卜斎の覚書に、東海道西上中の家康が、九月四日三島に着いた時、大将の本陣に立てる馬印は熱田へ先行させていたことを記しているのも、そうした作戦によるものであろう。しかし、赤坂の南に位置する岡山（現・勝山）と呼ばれる小丘に、並べたてられている金扇の大馬印・小馬印と葵紋の幟七旒・総白幟二十本はまさしく家康の本陣に相違なかった。

作戦会議の結果、三成は島勝猛（左近）に五百の兵をあずけて杭瀬川(くいせがわ)に出撃させた。こ

こは大垣と赤坂との中間に位置する川で、対岸には東軍の一隊が宿営を構えていたのである。西軍は、対岸の敵に奇襲をかけて緒戦を飾ることによって、味方の士気を鼓舞すると同時に、敵軍の作戦計画をも探知しようと策したのである。

　島左近の率いる五百の兵は杭瀬川を渡河して敵陣間近に放火して東軍を挑発した。この誘いにのった東軍の中村一栄・有馬豊氏の両隊が争って突撃した。隊長は野一色頼母（のいっしきたのも）・藪（やぶ）内匠（たくみ）であった。左近は敵が近づくと退却したが、東軍は逃げる敵を追いかけて杭瀬川を越えた。そこへあらかじめ配置されていた西軍宇喜多秀家の部将明石全登（ぜんとう）の指揮する八百の兵が、一斉に銃撃を加えたからたまらない。追撃してきた東軍はバタバタと斃された。これをきっかけとして両軍はしばらく小ぜり合いを続けたが、やがて東軍が兵を引きあげたので西軍も戦闘を中止した。西軍はこの戦闘で野一色頼母ほか三十余の首級をあげている。

　なお、家康もこの杭瀬川の戦闘の一部始終を、岡山の本営で見ていた。戦いが始まった時、家康は夕食をとっていたが、ただちに戸扉を廠舎（しょうしゃ）の屋上にのせ、ここで食べながら観戦していた。そして、中村隊が隊伍を整えて西軍を追撃している情況を見て、大いに感嘆し、飯粒が膝の上に落ちるのも気がつかないほどであった。ところが、深追いをして杭瀬川を渡ったのを見るにおよぶと、にわかにその行きすぎぶりを嘆息したという。はたしてこの部隊は敵の伏兵に遭って苦戦をしたので、家康は本多忠勝に命じて貝を吹き鳴らさせ、味方の兵を撤収させたのであった。

さて西軍は、その後の軍議において、島津惟新などは、

――軍旅に疲労している敵兵の多くは、甲冑を枕に眠っている模様。今こそ家康の本営に先制攻撃をかけ、勝機をつかむべし。

と主張しつづけたが、論議が長びいているうちに夕刻を迎え、にわかに東軍方の陣営に異状な動きのあることを知ったのであった。

――敵軍は近江佐和山を蹂躙（じゅうりん）した上でさらに大坂へ殺到する気だ。なんとしても関ヶ原でくい止めねば……

軍議を中断した西軍は、急遽出陣令を発した。大垣城には福原長堯（ながたか）（三成の聟）を主将とする七千五百を守備兵として残し、他は全軍関ヶ原へ向けて急行させることにした。なお、大垣城守備隊の配置は、本丸に福原長堯・熊谷直盛、二ノ丸に垣見家純・木村勝正・木村豊統・相良頼房、三ノ丸に秋月種長・高橋元種というものであった。

出撃軍は、悪天候が敵の視界をさえぎっているのをさいわいとし、一行は声を呑み、馬の口をしばり、松明（たいまつ）をも消し、はるかに揺れる栗原山の長宗我部盛親の宿営の篝火を目標として、十六キロの泥道を行軍していった。

三成の不安

時折激しく降りつける雨中を進む西軍諸将の心中は、不安に満ちていた。終始強硬な態

度をとりつくろってきた石田三成の胸中も、決して穏やかではなかったであろう。

　三成は正義感が強い性格であった。また故太閤秀吉に対して、信仰的ともいえるほどの尊崇の念を抱いていた男であった。三成は当年四十二歳。近江坂田郡石田村の出身で、父の石田正継は近江の守護大名京極氏の被官であったという。少時から秀吉に仕え、その才智を愛された。『武将感状記』には若き日の三成の逸話として、早駆けで喉が渇いていた秀吉に茶湯をすすめた際にみせた三成の才気あふれる気転ぶりが記されている。三成は万事によく気がつき、思慮深かったので抜擢を受け、天正十三年（一五八五）七月、秀吉が関白に任官すると同時に従五位下、治部少輔に叙任された。そして、はじめ、近江の水口で四万石を領したが、文禄四年（一五九五）、同国佐和山の城主となり、十八万石を知行し、また、秀吉の蔵入領七万石の代官をもつとめ、慶長三年（一五九八）七月には、豊臣家五奉行の一人に加えられたのであった。

　秀吉は、三成を愛し、かつ信用していた。三成は常に秀吉の側近にあって、枢機に参与していたのである。したがって、権勢をほしいままにした結果、他の武将たちに嫉視されていたこともあった。とくに加藤清正・福島正則・黒田長政・細川忠興・藤堂高虎といった武将派といわれる人々とは仲が悪かった。彼らからすれば、豊臣家を築いてきたのは自分たちの歴戦の武功にあるという自負があり、それを三成のような行政実務を担当する奉行たちが政治をとりしきっていたことに対して、大きな不満があったのだ。今風にいえば、制服組と背広組の対立である。

三成は、秀吉の死後、徳川家康が豊臣家の掟や秀吉の遺言に背き、日増しに重きを加えていくことに我慢がならず、家康排斥の陰謀を企てたこともあった。しかしこの計画は家康に志を通じていた者の密告を受け、それがために五奉行の職から外されて佐和山に閉居させられる破目に陥ったのであった。その際にも、加藤清正以下の武将派の諸将は三成を襲撃しようとしているという風説が流れ、それを聞いた三成は、伏見の徳川屋敷に身を投ずるという窮余の一策によって危機を脱したといわれている。

三成はこの戦争にすべてを投げ打ってのぞんでいた。しかし、西軍として参加している諸将が、みなこの三成と同じような感情を抱いていたわけではない。この数日来にも、松尾山の小早川秀秋や、南宮山の吉川広家らが、東軍に通じているという噂がしきりと耳に入ってきた。他にも西軍の仮面をかぶりながら、形勢をうかがっている諸将がいないとは限らない。

三成は九月十二日付で大坂城内の増田長盛に宛て、東西両軍の情況を報じ、諸事に関する意見を述べた書状を出していた。長文であるので、ここでその全文を紹介する余裕はないが、文面には、西軍諸将に対する不信感があふれている。三成がここで褒めているのは宇喜多秀家と島津惟新・小西行長ぐらいのものである。すなわち「備前中納言殿（宇喜多秀家）、今度の覚悟、さりとては御手柄、是非なき次第に候。（中略）一命を棄て御かせぎの体に候」「羽兵入（羽柴兵庫入道、島津惟新）・小摂（小西摂津守、小西行長）同前の事」といって信頼している。しかし、長束正家・安国寺恵瓊の二人は思慮深いが決断に乏しいといい、増田長盛当人についても、大坂城に入れてある諸大名の人質に対する扱い方がきわめて寛大だといって批判し、「内府へ仰せ合はさる筋目これあり」、つまり家康へ内通しているという風説があるが、その様に思われるのも無理もないといい切っている。また、毛利輝元が大坂から出馬しないのは、家康が上って来ない以上はもっともとは思うが、一般の将士はこのことについて不安を抱いており、「近ごろ味方中ちゞみたる体に候」といって憂えている。そして、金銀米銭を遣うのはこの節であるといい、三成自身は「手の内有るたけ此の中出し申し候」、すなわち全財産をはたいてしまったといっていた。

実際に、三成はこの一戦のために、文字通り彼の全財産を投げ出していたようである。江戸時代に書かれた『石田軍記』は、三成を秀吉の男色相手の寵童あがりなどとけなしているだけに、三成が賄賂をほしいままにし、佐和山には巨万の富を蓄えていたように記している。が、板坂卜斎の覚書である『慶長年中卜斎記』には「佐和山には落城以後、金銀は少しもなし。治部（三成）貯えず候よし」と記している。落城後の焼跡から金銀の類が出てこなかったのだ。

関ケ原へ向かう三成には、いまひとつの不安があった。それは、大谷吉継のような、すでに数日来布陣している西軍諸将との連絡も、充分にとれてはいなかったのである。

午後九時

大津城危うし

――降服するは武門の恥（京極高次）

京極高次軍旗

決断に悩む高次

琵琶湖の岸に聳え立っていた京極高次の大津城はここ数日来、毛利元康（輝元の叔父）を大将、毛利秀包（ひでかね）を副大将とする、大坂の七手組（片桐且元・増田作左衛門・片桐貞隆・松浦久信・石川頼明・伊藤長秀・小出秀政）と、桑山一晴（紀伊和歌山城主）・多賀秀種（大和宇多郡ほか二万石余）および筑紫広門（ひろかど）（筑後山下城主・一万八千石）・伊東祐兵（すけたか）（日向飫肥城主・五万七千石）・宗義智（よしとし）（対馬府中城主・一万石余）・立花宗茂（筑後柳川城主・十三万二千石余）ら一万五千の西軍に包囲され、激しい攻防戦を展開していた。籠城兵は高次以下三千であった。

関ヶ原合戦の数日後に大津城を目前にした家康の侍医板坂卜斎の覚書によれば、三ノ丸の塀や壁は鉄砲で打崩され、木舞（こまい）ばかりになり、二ノ丸の屋根は火矢の用心のためまくり上げられていた。そして大津は町中が焼き払われて小屋もなく、田畠は瀬田の近江より三井寺あたりまで刈り取られていたという。

しかし、この十四日の夜いまだ本丸だけはなんとか敵の攻撃に耐えていた。大津城は、秀吉の命によって天正十五年前後の頃に建てられたものである。大津は古くから湖上水運による北国や近江各地からの諸物資の荷揚場であり、また東海道・東山道・北国街道に通ずる、軍事的・政治的に重要な位置にあったので、広大堅固な城が築かれた。先学の考証によれば、本丸は湖水に突き出し、三重に回らした堀も湖水を利用した水城形式で、中堀は幅十間余、外堀の幅は二十間にも及ぶ大規模なものであったという。のちに廃城とされたが、天守閣の一部は彦根城に移築されたといわれている。現在残る彦根城は何度も修築が加えられているが、建築史家によるその前身建物の復元図から想像すると、天守閣は四層五階建ての規模である。

城主には、初め浅野長吉（長政）が置かれ、ついで増田長盛・新庄直頼と代わり、文禄四年（一五九五）に高次が入城したのであった。

西軍の発する大砲の轟音がひびく中で、大津城本丸の一室には、さきほどから高次と主だった重臣らが集まり、沈痛な面持で軍議が続けられていた。

――東軍の西上はいまだ期することはできませぬ。ここはひとまず開城を。

と、和睦開城を勧めているのは、家老の黒田伊予であった。これに対して高次は、

——わずかの掻揚(かきあげ)（城塁）に籠ってさえ、運を開きたるためし世に多し。然るを大軍とはいいながら、通りがけの敵に押しつめられ、どうして和談ができよう。なんじら心を一つにして防ぎ戦うべし。

と、抗戦を主張した。するとまた伊予が、

——御和談がしかるべきと存じます。

と、高次の下知をおしかえした。

これは『関原軍記大成』が記す、その時の軍議の模様である。高次はあくまでも徹底抗戦の覚悟をくずさず、これに対して家老らはその無理を諫め、開城論を繰り返していた。

高次も、じつのところは、決断に窮していたであろう。昨日の朝には、西軍が城の西方長等山(ながらやま)にかつぎあげた大砲から発射した一弾が、天守閣の二層目に命中し、柱が折れた。その際、高次の姉芳寿院の侍女二人が圧死し、芳寿院も一時気絶するという事態が起こり、城内は恐怖につつまれていたのである。

あいつぐ西軍の和睦勧告

高次の立場は、じつに複雑であった。それというのは、高次の妻はつ（常高院）は、ほかならぬ秀頼の生母淀殿（茶々）を姉とし、徳川秀忠の北ノ方お江与(えよ)（江(ごう)・小督(おごう)・崇源院）を妹に持っていたから、豊臣・徳川両家と親密な関係にあった。また、高次の姉芳寿院

（京極龍子）は、かつて秀吉の愛妾で松ノ丸殿と呼ばれていた人物である。

去る六月十八日、会津遠征に向かう途中の家康が、大津に宿泊したとき、不慮の事変が起こるかもしれないことを予測して、高次と密約をかわし、高次は老臣の山田良利を人質として家康の東下に同行させた。その後も高次は七月二十二日付の書状を家康に送って、三成の動きや大坂・伏見の状況を報告した。家康はその書状を武蔵の岩槻で受け取り、同二十六日付で返書を認め、

今度の仕合について、申し談ずるの筋目、一途の御心底謝し申し難く候。

と書いて、感謝の意をあらわしていた。

ところが、七月末に石田三成らが挙兵し、大津城に、豊臣秀頼母子の派遣した使者と称する朽木元綱が来着し、人質の提出と出兵を求めると、高次は長子熊麿を大坂に送って人質とし、黒田伊予以下約千人を大津城に残し、みずからは二千の兵を率いて、朽木元綱とともに北陸方面に出発したのであった。

この高次の北陸出兵の留守の間に、三成は使者を大津に送って城を明け渡させ、ここに西軍の兵を置こうとした。しかし留守を守る黒田伊予・赤尾伊豆らが、

——知っての通り、松ノ丸殿、そのほか宰相（高次）の老母・奥方が城中におられる上は、主人高次の下知なくして城を渡し申さん事、思いも寄らず。

と返答して、再三におよぶ使者の要求に応じなかった。

だが、北陸へ向かった高次は、いまだ着陣しないうちに、前田利長が山口宗永の加賀大聖寺城を攻落して、金沢に軍を返したという報に接した。この時西軍の北陸方面指揮官大谷吉継は、いまや岐阜城を降して赤坂付近に集結しはじめているという東軍に備えるため、美濃方面に転出しようとして、高次にも同行を求めた。

そこで高次は、吉継より一日行程だけ遅れて従い、九月二日の夜、朽木元綱が近江の木之本に宿泊した時には、高次は東野にいた。そして翌三日には元綱との打ち合わせ時間どおりに出発して美濃へ向かった。だが、高次は途中で方向を変え、近江の塩津に出て垂見峠を越え、海津から琵琶湖を渡って、同日のうちに大津に帰り、密書を家康の直臣井伊直政に送って、西軍を大津で阻止することを告げ、防戦体制をとったのである。家康が九月七日付で高次に出した書状に、

切々の使札、御懇意の段、申し尽し難く候。去る三日大津え打ち返され、手切れのてだてあるべきよし、修理殿（京極高知、高次弟）・井伊兵部（直政）方より申しこし候あひだ、一刻も出馬を急ぎ候。

と書いているから、この高次の行動は、家康と密かに約束していたことであったらしい。

いっぽう、高次の心変わりを知った西軍は驚き、当時大坂から大垣へ向けて行軍の途中にあった立花宗茂・筑紫広門らの兵を急ぎ大津に差し向けるとともに、毛利元康を大将とする討伐軍を編成し、出動させたのであった。

この間に、事態を心配した淀殿は、侍女の孝蔵主と阿茶の局を、妹である高次夫人のもとに遣わして、高次の東軍方への変心を思いとどめようとした。『関原軍記大成』の記述からこの大坂方の使者とのやりとりの模様を再現してみよう。

孝蔵主と阿茶の局は、淀殿の手紙を携えて大津城へ赴き、高次の内室に、

——宰相殿（高次）は越前から美濃へ御陣立あるべきを、独断にて御帰城されたことについて、大坂では定めて内府（家康）と一味しているのであろうと、口々にいっている。そしてもしさもあらば、たとい上様の御縁者であっても、情なく城を攻め落し、上々の事はいうに及ばず、城中に籠る女童まで殺害されるであろうという噂が語られている。またこのことを淀殿が深くお歎きになっておられる。このうえながら、宰相殿が関東と御手切されれば、淀殿がいかばかりお喜びになられましょう。

といって、淀殿の手紙を手渡した。

孝蔵主は豊臣家の御奥をとりしきり、故秀吉の信任もあつかった侍女であった。彼女はさらに内室に向かって口をひらき、

——もし宰相殿に二心あらば、天下の人口にかかり給い、あまつさえ御家の滅亡も近いことでしょう。返す〴〵も御思案なされるように。

と、言葉たくみにいった。これに対して高次の内室は、

——宰相殿越前より帰られて後は、ひたすら軍の用意とて、松ノ丸殿・我らにもいまだ

対面がないので、その心中が知れませぬ。さいわいにご両人が参られたる上は、宰相殿に逢うて、ことの子細をねんごろに尋ね給え。

と答えた。そこで孝蔵主と阿茶の局の両人は、高次に面会を申し入れた。ところが高次は、

――両人は、我らへの御使いではない。いまは籠城の用意に忙しく、暫くの暇も惜しければ、対面叶い難し。

とつっぱねたので、使者の両人はやむなく大坂へ帰ったのであった。

また、これとは別に、毛利輝元と増田長盛が派遣した使者が大津城に赴いたが、高次の決意は変わらなかった。そこで西軍も大津城攻めにふみ切り、九月八日から連日昼夜の区別なく攻撃を続けた。この頃の京都の公家の日記にも「大津城責め、鉄砲の響き地を動かす。焼烟霧のごとく、町は悉く焼払はる」という風聞が記されている。

攻勢にあった西軍は十三日の早朝を期して城中へ突入と定めた。その前日のこと、城中の伊賀者の忍者が、毛利の陣に忍び込んで奪ってきた二本の旗を城壁に立てた。城兵はこれを大いに笑ったが、包囲軍の立花勢は、旗の紋を見て毛利に先を越されたと思い込み、負けてはならじと攻め寄せた。これに続いて他の諸将の兵も一斉に攻撃をしかけた。琵琶湖上からも舟や筏（いかだ）をもって城ぎわに迫った。

城兵も奮戦したが、衆寡敵せず、十三日の夕刻には二ノ丸が落とされた。そしてこの十

四日も、一日中激しい攻防戦が続けられたのであった。

むろん西軍は、力攻めによる攻撃とともに、たびたび使者を派遣して降服を勧告してきた。昨日は前大津城主新庄直頼の弟の本玉斎が、高野山の木食上人応其（もくじきしょうにんおうご）を案内して降服を促し、今日十四日にも再び淀殿の使者の孝蔵主と、本玉斎・応其がともに来着した。そして応其らは、この軍議の始まる少し前に帰ったばかりであった。

応其が重ねていい残していった言葉は、

——正しく天下の御ために軍勢を催促せらるる中に、貴殿は御下知に背いて籠城されたことは、その罪謀叛に等しい。急ぎ寄手と御和談になり、御老母、その他の御女達、また人質として出されている熊麿の御命を救いたまえ。上方の諸将を敵になして、今かく御籠城あるは、秀頼公に弓を引き給うも同然。貴殿に限らず、この度の戦に関東と一味する輩（ともがら）は、不忠の罪科重かるべし。

というものであった。これに対して高次は、

——我らは今度内府へ属し、寄手の諸将は輝元に味方して勝負を争う戦いなれば、さらに秀頼公の御身につながることではござらぬ。然らば天下の元臣たりし内府の味方なり。今更城の危きを見て、おめおめと城を明け渡すことは武門の恥とするところ、手の者を下知して防ぎ戦い、もし叶わずば腹切るべし。この由を輝元・長盛にもお伝え願いたい。

といって、応其らを追い返したのである。

降服やむなし

頑強に抗戦論を主張していた高次の声も、時が経るにつれて小さくなっていったようである。黒田伊予らの家臣が、すでにすっかり戦意を喪失していたこともあるが、おそらく高次は、その夫人や、恐怖のあまり半ば狂乱におちいっていた姉の芳寿院らに、降服を哀願されていたのであろう。

包囲軍の攻撃はますます激しく、銃弾が飛来し、大筒の砲弾が炸裂する。城中はまさに生き地獄の様相を呈していた。しかし、皮肉なものである。この修羅場のような攻防戦を城外の遠くから見物している群衆があったのである。板坂卜斎は「大津の城を攻め候を、京の町人共重箱を提げ、水筒を持たせ、三井寺観音堂にて、恐しげもなく日夜見物申し候なり」と、その覚書に記している。

伏見城が炎につつまれて落城した時も、安濃津城が阿鼻叫喚の巷と化した時も、老若が雲霞のように群がり集まって見物していたというが、地元の住民の苦労をさしおいて、遠くの町の人々は、あたかも芝居見物のようなつもりで戦争をみていたのであろうか。恐ろしいことだ。ことに大津落城などは、秀吉の愛妾や淀殿の妹といった豪華キャストの落城劇にひとしかったのであろう。

さて、またしても皮肉なことに、十四日の夜を迎えても、高次はいまだ家康が赤坂に到着していたことを知らなかったのである。この日の正午頃、赤坂付近に駐屯していた東軍の先鋒隊と合流した家康は、従軍していた京極高知（高次弟）の心中を察して、高知を大津城救援に赴かせようとして、琵琶湖畔の近江長浜から合図の狼煙（のろし）をあげさせて、高次の安否をたしかめさせた。だが悪天候にさえぎられたためか、大津城からの反応がみられなかったのである。

大津城における軍議はなおも続く。だが攻め寄せる西軍の銃声が近くなった。敵が外堀を埋めたて、攻囲の軍勢をさらにおし進めたのである。

高次はついに降服を決せざるを得なくなったのであった。防戦むなしく、その夜のうちに大津城は開城され、高次は翌十五日の朝、園城寺に退き、髪を剃って高野山へ向かうのである。じつに関ヶ原合戦当日のことであった。

なお、『関原軍記大成』には、高次の降服決意について、人質に提出していた長子熊麿を、西軍方が乳母とともに磔柱にかけて三井寺山に押し立て、城の方に見せつけたため、高次はこれを悲歎し、ついに和議に及んだという一説を載せているが、これはいささか作りすぎた話のように思われる。

それにしても不運である。この大津開城について板坂卜斎は、「今一日持ち候へば、運を開き申し候に」と高次に同情し、また「京極殿は城にて切腹と定め、渡し申す事有まじくと御申し候へども、家老に伊予守と申もの、腰抜にて右のごとくに候」と、当時取沙汰されていた世間の噂を書き添えている。

しかし、結果的にみれば、敗れたとはいえ、東軍にとっては、一万五千余の西軍を九月十五日の決戦日まで大津城にひきつけた高次の功は大きく、戦後家康から表彰され、若狭小浜城八万五千石を与えられ、翌年さらに加封を受け、九万二千石の大名に出世している。

いっぽう、西軍とても、もしかりにこの大津城攻撃軍一万五千余の兵を、開戦前に関ヶ原に投入していたとしたならば、天下分け目の決戦の戦局も大きく変わったものになっていたかもしれない。

十五日午前二時

寝所からの出撃命令

――わしに勝てる奴があろうか（徳川家康）

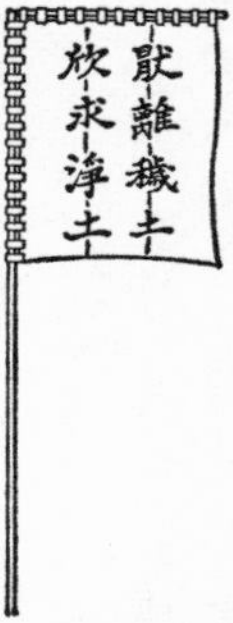

徳川家康軍旗

敗戦の教訓

ここは東軍の集結地赤坂に接する岡山の頂上に設けられた家康の本営である。赤坂は、西軍の前線基地大垣城の西北約四キロほどの地点にあたる。

時刻は午前二時頃、福島正則と西尾光教（みつのり）がそれぞれ発した使者が、ほぼ時を同じくして家康の寝所に駆け込んでいった。

――敵軍の主力が大垣城を出た模様。

――関ヶ原方面へ移動中にございます。

家康はがばっとはね起きた。

――よし、ただちに出撃じゃ！

力強く出陣令を下した。むろんこれは私が想像した決断の一瞬である。『関原軍記大成』

には、美濃曽根城主の西尾光教が、あらかじめ敵情視察のために大垣の城下に潜入させていた久世助兵衛が、十四日の夜半に大垣から曽根に戻り、西軍が大垣城を出たという報告をもたらしたので、急ぎ使者を岡山に馳せてこの旨を伝えた。これに続いて福島正則も家臣の祖父江法斎を使者として岡山に遣わし、敵の大垣出陣を伝えた、と記している。

この報告を受けた時の家康の顔は、おそらく歓喜にあふれていたにちがいない。

杭瀬川の衝突後に開かれた昨夜の軍議の席で、

池田輝政・井伊直政は、

――兵を進めて大垣城を攻めるべし。

と言い、福島正則・本多忠勝は、

――大坂城を攻めて輝元を降し、人質として拘禁されている諸将の妻子を救うべし。

と主張。これに対して家康は、

――大垣を攻めるもよいが、宇喜多秀家が主将となり、石田・長束・大谷らがその指揮をとれば攻落は至難。一隊を留めて大垣に備え、本軍はまず佐和山を屠り、さらに大坂に進撃する。

と決し、明日の出陣を宣言したのであった。『関原御一戦記』には、こうした計画を「在々諸々、諸軍え触れ申し候」と記しているところをみると、家康はこの作戦計画を故意に吹聴して、それとなく敵方へ漏らし、大垣城にいる西軍の主力を誘い出そうと策していたのかもしれない。なぜなら、作戦計画は主だった部将だけに伝えられ、極秘裏のうちに進められるのが普通であろう。

家康はかつて、元亀三年（一五七二）、三十一歳の時、老練な武田信玄のために浜松城から三方ヶ原に誘い出されて大敗した苦い経験があった。城攻めは時間がかかる。力攻めにするには敵の十倍の兵力を要するといわれる。大垣城攻めに取り組み、長期戦となり、大坂の毛利輝元が後詰（ごづめ）に出動してきたら背後から崩される。そのうえ、もし秀頼までが奉じられてきたならば、それこそ窮地に追いつめられる危険もある。そうなれば東軍に従っている秀吉恩顧の諸将の協力は、まず望めなくなるにちがいない。

家康としては、なんとしても、石田三成ら西軍の主力部隊を大垣城から誘い出さなくてはならなかった。これこそ戦争の名人武田信玄から学んだ〝敗戦の教訓〟であった。

東軍の諸将が行動を開始したのは、それから間もなくのことだ。福島正則・黒田長政が先鋒となり、加藤嘉明・細川忠興・藤堂高虎らの諸隊がこれに続き、西軍を追うように関ヶ原めざして疾走していった。

勝利への根まわし

これも『関原軍記大成』に記す逸話である。出陣を前に、家康は腹ごしらえを済ませ、髪を整えさせている間、侍臣らに、かつて天正十二年（一五八四）に秀吉と雌雄を争った

長久手合戦の時の思い出話をしながら、

——秀吉公と戦ったが勝利を失わず、あまつさえ池田勝入（恒興）父子・森武蔵（長可）等をたちまち討ち取った。かの秀吉と戦っても勝敗かくのごとし、いわんや秀家・三成等がたとい多兵なりとも、即時に切り崩してみせる。

と、自信満々の口調で語ったという。この時の家康の気持としては、

——いまこの世の中に、野戦でわしに勝てる奴があろうか。

というところであったのだろう。

家康のこの自信は、単に野戦を得意とした彼が、西軍の主力が大垣城を出たことで、有利な戦闘への期待が持てたということだけではなく、これまでの作戦・戦略の経過からして、勝利への確信をつかんでいたからであろう。関ヶ原合戦当日の勝敗は、西軍の小早川・脇坂らの裏切りや、吉川らの戦闘への不参加によって決せられたという。が、こうした西軍諸将の行動の筋書は、すでに決戦以前に作られていたのである。

ドイツの文明史家ヤコブ＝ブルクハルトはその著『イタリア・ルネサンスの文化』の中で、取り引きや陽動作戦に終始し、ひとりの死者も出さないで激戦をやってのけるルネサンス時代の戦闘を「芸術品としての戦争」と形容しているが、わが国の戦国時代の戦闘においても、最も高等な戦法は、死者を出さず、駆け引きによって勝つことであった。

有名な『孫子』の兵法には、「百戦百勝するは善なる者に非ざるなり。戦わずして人の

兵を屈するは善の善なる者なり」「佚（いつ）なればこれを労し、親なればこれを離す」。つまり、戦わないで相手を屈服させるのが最上の策であり、敵が動かない時は疲れさせ、団結している時には離間させるというのである。また『六韜（りくとう）』にも、敵の内部を攪乱させる戦術を説き、その中に、敵の重臣を抱き込み、家臣らを買収して敵の陣営を崩し、内外呼応させることや、相手をつる方法、敵国内に乱臣を養成して敵国を自滅させる方策などが書かれている。

中国の兵書を学び、また実戦的な経験を重ねて戦略・戦術に練達した武将たちは、懐柔や買収による内部攪乱戦術をあらゆるところで発揮したが、天下取り三人男、信長・秀吉・家康などは、その謀略にたけた戦略家であったといえる。

家康にとって関ヶ原合戦は天下乗っ取りのための大博奕（ばくち）であった。この一戦のために金と力、そして頭脳と肚（はら）、文字通り全身全霊、彼の持っていたすべてを注ぎ込んだのであった。ここで家康は謀略のかぎりをつくし、たくみな戦略をみせた。

そもそも会津遠征にしてからが、石田三成らに兵を挙げさせるために、家康が仕組んだ誘導作戦であったらしい。

太閤秀吉の死後、家康は五大老の筆頭として実権を握り、次第にその勢力を扶植してきた。しかしこのままでは、終生豊臣二世の秀頼の臣下としての地位に甘んじなくてはならない。家康は天下が欲しかった。それには武力で秀頼を圧倒しなければならない。といって、家康がただちに挙兵して大坂城を攻めたのでは反逆行為になる。それでは世論の支持が得られない。

戦争というものは、いつの世においても、世論を納得させるだけの大義名分が必要である。もしかりに戦争を行なうだけの名目が立たない場合には、正当防衛の形をとることが望ましい。

むろん当時の家康には、みずから戦争を起こすだけの正当な理由はなかった。そこで思いついたのが、誘導作戦であり、その相手が石田三成であったというわけである。三成はかねてから家康の専横ぶりを憎んでいた。その三成の憎悪を、逆に利用してやろうというのが、家康の仕掛けた罠(わな)であった。

そこで家康は六月の末、会津遠征の軍を起こした。その名目は、

――家康の行動を非難して上洛せず、秀頼様への出仕を怠っている。

と、なんとも体裁のいい理由をつけたものである。

家康の会津征伐に際しては、秀頼からも黄金二万両と米二万石が贈られている。会津遠征は、その実質はともあれ、表面的にはあくまでも豊臣家のための義戦の形がとられていたのである。

家康は六月十六日に大坂を出発し、京都伏見に立ち寄ってすぐさま東下の途につくが、十七日の伏見城における家康の様子について、板坂卜斎は「千畳敷の奥座敷へ出御。御機

嫌能く四方を御ながめ、座敷に立たせられ、御一人にこ〱とお笑ひ御座なされ候」と記している。この家康の笑いの原因について、『近世日本国民史』の著者徳富蘇峰も、大賭博の時節が到来したためとみている。

家康は徳川陣営の武将たちをほとんどひきつれて東下した。彼が京都や大坂にいたのでは、三成が兵を挙げる機会がなかったからだ。

案の定、家康留守の隙に乗じて、三成は行動を起こした。家康の誘導作戦は、みごと図にあたった。

家康が三成の挙兵を知ったのは、七月二十日前後のことであった。十九日には、大坂城中の五奉行の一人の増田長盛が、密かに知らせて来た上方における異変の報が江戸城に届けられ、二十四日、家康が下野小山に到着したその日に、京都伏見城の守将鳥居元忠からもたらされた急報に接したのであった。

戦いの火の手はあげられた。が、この時点では、いまだ家康の前途はまったく予断が許されない情況にあった。石田・大谷らの檄（げき）に応じて大坂城に集結した大名は総帥毛利輝元をはじめ、宇喜多秀家、島津惟新以下三十四名ほどもいた。これに対して家康と相前後して東下した諸将は八十余名、その兵数はおよそ五万五千八百人といわれるが、その中で確実に家康に味方をする者がどれくらいあるのかは予測もつかなかった。なぜなら、会津征伐は、名目的には豊臣家のための戦いであり、諸将は家康のために従軍していたのではないのである。藤堂高虎の家臣の書いた『平尾氏劄記』には、この頃家康の「御敗軍」と「徳川様今度滅亡」という風聞さえあったことを伝えている。

七月二十五日、家康は小山の陣に客将を集めて上方における異変を告げ、向背の自由選択を宣言して帰国の途につかせた。そしてみずからも翌二十六日に小山の陣を引き払い、八月五日には江戸城に帰着している。それから向こう二十六日間も江戸に滞留し、江戸を出馬したのは九月一日のことであった。東海道を西上する行程はいかにもゆっくりしたもので、十四日間をついやし、大垣城周辺に集結していた先鋒隊と合流したのは、関ヶ原決戦前日の十四日の正午頃であった。

だが、家康はこの約五十日の間に、勝利のための方策を講じ、形勢を有利なものに展開させていたのである。家康が小山において石田らの挙兵を知った七月二十四日から、決戦前日の九月十四日までの間に外様の諸将に宛て書いた文書は、確認されるものだけでも百五十五通、八十二名に対して出されている。そのほかに秀忠のものが約十五通、そして井伊直政・本多忠勝・榊原康政ら、家康近臣のものが二十通ほど認められる。むろんこれらは関ヶ原合戦に関する内容の文書にしぼっての数字である。

ここで、少し煩雑にはなるが、この家康の発給した文書を中心にして、決戦前約五十日間における家康の外交戦略と勝利へ向けての陣営固めのさまをふりかえっておこう。

周到なる布石

家康の会津遠征に従軍していた客将たちは、七月二十五日に行なわれた小山会議の後、相ついで帰国の途についた。東下した諸将の多くは家康に心を寄せていたが、中には真田昌幸（信濃上田城主・三万八千石）や田丸忠昌（美濃岩村城主・四万石）のように、西軍に走った者もいる。

そこでまず、家康が石田三成らの挙兵を知ってから、九月十五日の決戦までの間に直面した諸問題と、それらに対して打った方策についてみよう。

七月の下旬上方に挙兵した石田三成らに呼応して、地方にも西軍陣営による火の手があげられた。会津の上杉景勝が攻勢を強めたことはいうまでもないが、北陸では丹羽長重（加賀小松城主・十二万五千石）、山口宗永（加賀大聖寺城主・六万石）、前田利政（利長弟・能登七尾城主・二十一万五千石）らが西軍に党した。また九州では立花宗茂（筑後柳川城主・十三万二千石）、鍋島勝茂（直茂の子）、島津惟新らが石田三成と行を共にしたため、彼らの領国においても戦闘態勢がしかれた。

かかる情況に対して、家康は綿密にして迅速な作戦をもってこれに対応した。西軍が前線基地とした美濃の岐阜・大垣城攻めは、福島正則・池田輝政・細川忠興らをはじめとする客将たちに委ねたが、これについては後述することにし、ここではその他の作戦を概観しよう。

まず第一は会津の上杉景勝に対する処置である。家康は小山退陣に際し、秀忠を主将とする一軍に東山道を進ませ、みずからは江戸を経て東海道を西上し、美濃で合流する計画を立てた。そして上杉の押さえとしては結城秀康を主将とし、これに関東・奥羽の諸将に協力を求めて上杉封じ込めの策をとった。

家康が決戦前の約五十日の間に、手紙を与えた関東・奥羽の主な諸将としては、大田原晴清（下野大田原城主・七千九百石）、蒲生秀行（同宇都宮城主・十八万石）、皆川広照（同長沼城主・一万三千石）、芦名義広（佐竹義宣弟）、水谷勝俊（常陸下館城主・二万五千石）、伊達政宗（陸奥岩手沢城主・五十八万五千石）、南部利直（同盛岡城主・十万石）、秋田実季（出羽秋田城主・十九万石）、小野寺義道（同横手城主・三万二千石）、戸沢政盛（同角館城主・四万石）、仁賀保挙誠（たかのぶ）（同仁賀保城主・五千石）、最上義光（同山形城主・二十四万石）、六郷政乗（同仙北の内に五千石）、堀秀治（越後春日山城主・三十万石）、溝口秀勝（同新発田城主・六万石）、村上義明（同本庄城主・九万石）などがあげられる。

これらの文書の内容の多くは、上方における戦局を報ずるとともに、上杉や去就の疑わしい佐竹義宣の監視を依頼し、もし景勝が進出した場合には直ちにかけつけて討ち果たすよう指示したものである。もちろん志を寄せてきた者に対する丁重な返礼の書をも怠っていない。中でもとくに注目されるのは伊達政宗に対する配慮であり、八通の手紙を出し、かつて政宗が秀吉のために没収された旧領七郡の返還を約束していることである。

第二に伊勢・美濃方面に対する作戦である。伊勢は西軍の猛攻にさらされている富田信高の安濃津城や古田重勝の松坂城を救援しなければならない。また美濃は、岐阜城攻めに向かった東軍の先鋒隊を掩護するとともに、東山道を行く秀忠軍の進路を開くことにもつながるのである。

伊勢・美濃の制圧は、東西両軍激突の際の勝敗を決する鍵であった。そこで家康はこの伊勢・美濃周辺の諸将に対しては、手あたり次第ともいえるほどの多くの文書を送っていた。すなわち、伊勢方面では稲葉道通（伊勢岩手城主・二万六千石）、氏家正元（同・居所不明・一万五千石）、滝川雄利（同神戸城主・二万石）、福島正頼（同長島城主・正則弟）、分部光嘉（同上野城主・一万余石）、九鬼守隆（志摩鳥羽城主・三万石）、筒井定次（伊賀上野城主・二十万石）、寺西直次（伊勢・近江・越前内に一万石）らに手紙を送り、伊勢における戦功を嘉賞し、あるいは協力を求めている。

また美濃方面では、市橋長勝（美濃今尾城主・一万一千余石）、遠藤慶隆（同小原城主・七千五百石）、妻木頼忠（同妻木城主）、徳永寿昌（同高松城主・三万石）、西尾光教（同曽根城主・二万石）、横井伊織介（同赤目城主）ら、美濃の諸豪族に対して書を送って国内の西軍勢力の駆逐を命じ、飛驒高山の金森長近・可重父子（三万八千余石）にも美濃への出兵を促している。さらに信濃の森忠政（飯山城主・十四万石）、真田信幸（上野沼田城主・二万七千石）らには秀忠の東山道行軍を支援するよう依頼している。そのほか、信濃木曽にいた木曽義昌の遺臣たちにも挙兵を促し、京極高知（高次弟・信濃飯田城主・十万石）には彼ら木曽遺臣への援助を命じていた。

第三に北陸方面への対策である。北陸では加賀の丹羽長重・山口宗永、能登の前田利政らが西軍に呼応し、大谷吉継の留守城越前敦賀の城兵とともに兵を挙げた。これに対して加賀金沢城主の前田利長（八十三万五千石）、能登の土方雄久らが東軍方に属し、互いに戦火を交えていた。こうした情勢に対し、家康は土方雄久を仲介役として、前田利長と丹羽長重とを和睦させる策を講じ、みごとに成功している。家康の近臣西尾吉次が、九月十四日付で丹羽長重に宛た書状には、

——長重が利長と和睦したことを、家康様が満足されている。いかなることがあっても、この際は勘忍して上方筋で手合せをするのがよろしいと思う。

と、いっている。

第四は九州方面への対応である。九州の諸大名はまさに東西まっ二つに分かれて対立する形勢であった。そうした中で、家康がとくに交渉を持った相手は、加藤清正（肥後熊本城主・二十五万石）と、黒田如水（じょすい）であった。黒田長政が家康の客将となって親近していたから、父の如水の協力を得られることはほぼ確実である。そこで家康はとくに加藤清正をマークし、肥後・筑後の二国を与えることを約束して味方につけた。これに対して清正は

九月四日付の書状をもって家康に二心なきことを誓い、西軍方筑後柳川の立花宗茂や、小西行長の留守城肥後宇土城攻めの主力となって活躍するのである。

このように、家康は、全国の諸将に対して驚くべきほど周到な策をほどこし、決戦当日までには、確かな手応えを感じていたのであった。

豊臣恩顧の大名を抱き込む

家康が西軍との対決を前にして、一番気がかりであったことは、秀吉恩顧の諸大名の存在であったにちがいない。

当時家康は二百五十五万七千石を領する、ナンバーワンの実力者であった。しかし、その地位は、五大老の筆頭とはいえ、豊臣政権下の一大名にすぎなかった。だから、会津遠征の名目が豊臣家のためであったように、西軍との対決も、豊臣家のために石田らの奸臣を除くという立場をとらなければ、秀吉恩顧の諸大名の協力を得ることはむずかしかった。だが、老練な家康は、深謀遠慮をたくみにして、みごとに彼らの多くを味方につけることに成功していた。

七月二十五日の小山会議において、家康は従軍の諸将に石田らの西軍蜂起を告げ、諸将の妻子は大坂で人質となっているから、去就はその自由に任せるといったところ、諸大名の沈黙する中に、福島正則が進み出て、家康への味方と打倒三成を説いたという。

しかし、この時の正則の発言は、事前に仕組まれていたという見方もできる。会議の進行というものは、最初の発言者の意見によって流れが作られることが多い。そこで家康は、蛮勇でしかも三成を強く憎悪していた正則を利用し、発言の口火を切らせたと考えるのである。むろん、このようなことを記している記録はないが、いかにもありそうなことである。

会議は予想以上の好運に恵まれて進行された。福島正則・池田輝政をはじめとして東下に従軍していた豊臣大名らの多くが、先鋒として出陣することを申し出、さらにこの時、遠江掛川城主の山内一豊の提唱によって、東海道に城地を有する客将たちが、それぞれこれを明け渡すことになったのであった。

この時家康が受け取った城は、中村一栄の駿河沼津城、中村一忠の駿河興国寺城・同駿府城、山内一豊の遠江掛川城、有馬豊氏の遠江横須賀城、堀尾忠氏の遠江浜松城、池田輝政の三河吉田城、田中吉政の三河岡崎城・同西尾城、水野勝成の三河刈屋城、そして福島正則の尾張清洲城等であった。これら東海道の諸城は、もとはといえば、秀吉が関東へ移封した家康に対する押さえとして、勇猛な諸将を配置したものであった。それを家康は、まさに濡手で粟のごとく容易に手中に収めたのであった。

福島・池田以下の先鋒隊は、八月二十三日には織田秀信の岐阜城を攻落し、赤坂付近に駐屯している。しかし、家康自身はなかなか腰を上げなかった。

板坂卜斎の覚書には、こんな話を載せている。それは、家康が江戸にとどまったまま容易に出馬しないのに業を煮やした福島正則が、「劫の立替」にする積りかと立腹した。劫の立替とは、囲碁で碁石をわざと捨てて敵に取らせることをいう。正則は自分たちをその捨て石にする積りかと家康を疑ったのである。ところがその翌日、家康の使者として来た村越茂助直吉が正則らに、

——御出馬されぬわけではないが、おのおの方が敵に手だしをなさらぬゆえ御出馬されないのでござる。

と、いった。これを聞いた正則は、扇を広げて茂助の顔を二、三度煽ぎ、

——ごもっともの御諚、やがて手出しを仕つり、注進申し上げるであろう。

と、いって勇み立ったという。卜斎はさらにこうつけ加えている。この茂助の一言は取り返しがつかず、「卒爾なる御使」つまり軽率だという批判がおこった。しかし心あるものは、茂助の愚直な人物を見抜いた上で使者に立てた家康の明智に感心した、と。

家康がなかなか出馬しなかったのは、先発隊として西上した豊臣恩顧の武将たちの働きぶりと、自分への彼らの忠誠度を確かめていたのであった。

しかし家康はこの江戸滞留中とて、ただ黙って先発隊の働きぶりをながめていたわけではない。豊臣恩顧の有力大名に対しては、小まめなほどに手紙を書き、彼らの心をつなぎとめることを忘れなかった。

家康が小山退陣から、先発隊と合流した九月十四日までの間に出した書状の中から、彼が音信を通じた先発隊豊臣恩顧大名の主な顔ぶれを拾うと、福島正則・池田輝政・浅野幸長・黒田長政・加藤嘉明・細川忠興・藤堂高虎・生駒一正・桑山元晴・田中吉政・一柳直盛・西尾光教・徳永寿昌・池田長吉・堀尾忠氏・山内一豊・有馬豊氏（遠江横須賀城主・三万石）・松下重綱（遠江久能城主・一万六千石）・神保相茂（大和高市郡・六千石）・松倉重政（大和宇智郡・八千石余）・京極高知といった名があげられる。

それらの文書の内容の多くは、岐阜城攻めにおける功を賞したり、美濃方面の情況を報じてきたことに対する返書である。彼ら諸将に対して数通の文書を与えていることは珍しくないが、中でも最も多く手紙を送っていたのは福島正則であった。すなわち正則には、八月四日付が二通、以下八月五日、二十五日（二通）、二十六日、二十七日、九月一日（二通）、二日、六日、九日と、じつに十二通もの手紙を与えていたのである。当時、江戸・岐阜間の通信には、四日ほど要したらしいが、家康の発した飛脚は、それこそ日夜頻繁に東海道を往還していたのであろう。

もちろん、飛脚とはいっても、江戸時代の早馬や、状箱をかついだ継飛脚のようなものではない。書状を襟（えり）や帯・元結（もとゆい）等に封じ込み、時には修行僧や行商人などに変装しての密使行である。家康が八月八日付で黒田長政に宛た書状の押紙には「此の書状、使者関所を通り候に付、濃々に切さき、笠の緒にゑり込み取帰り申し候故、損じ申し候。使者服部治兵衛」とあり、また、八月二十五日付で吉川広家に宛た黒田長政書状の押紙にも「此の書状、帯の内に縫込み取帰り候」と記されている。

家康は、豊臣恩顧の大名の、石田三成に対する憎悪の感情を利用しただけではない。彼ら自身の野心と欲望とを満足させる条件をもちゃんと作り与えている。伊達政宗や加藤清正らに所領の加増を約束したように、先発隊の諸将に対しても物質的な利益をほどこしていた。すなわち、黒田長政の出陣に際しては、家康が長久手合戦で着用した甲冑・麾・駿馬を贈って激励し、桑山元晴には七月二十九日付で増田長盛の紀伊における知行地を与え、松倉重政にも同日付で和泉の旧領の返付を伝えた。そして福島正則には八月四日付で尾張内の無管主の地を与えると報じ、細川忠興には八月十二日付で、但馬一国の加増を約束していたのである。

たくみな誘降作戦

局地戦における奇襲攻撃の場合は別にして、大規模な戦争の勝敗は、兵力の多寡によって決せられる。だから東西両軍ともに、自己の陣営を一人でも多くふやそうとしてやっきになっていた。

しかし東西両軍、すなわち家康と三成の陣営固めの展開ぶりを比較すると、はるかに家康のそれがまさっていた。三成はいかにも感情的で、家康の非を鳴らし、押しつけがましい強引さをもって味方を募った。これに対して家康は、まさに老獪（ろうかい）なほど巧妙な策をとり、誘降作戦をも駆使して、西軍諸将を引きつけた。

家康が九月十五日の決戦日までの約五十日間に行なってきた西軍諸将の誘降作戦を大きくみると、一つはやむなく西軍への加担を強いられているような諸将との接触と、いまひとつは敵側将兵への投降の呼びかけとその処遇であった。

第一の西軍諸将との接触についてであるが、西軍に属した諸将の中には、まったくの成り行きによって石田らの挙兵に巻き込まれた者もあった。かの島津惟新にしても、大坂に滞在している間に西軍としての行動を余儀なくされてしまったのである。むろん島津の場合はその後は中枢メンバーの一員となったが、中には、西軍には属したものの、なおも決心をつけかね、家康に心を寄せていた者も少なくなかった。

このような立場にあった西軍諸将に対して家康は音信を通じあって接触を保った。その主な者としては、伊東祐兵（すけたか）（日向飫肥城主・五万七千石）、宮木豊盛（摂津・豊後の内に一万石）、山崎家盛（摂津三田城主・二万三千石）、脇坂安治（淡路洲本城主・三万三千石）らがいた。彼らはいずれも上方にいたため、石田らの蜂起とともに伏見城攻撃や、大坂城警備を強要されていた。が、密かに東軍に通じて来たので、家康は丁重なる手紙を送って答えている。また石川貞清（尾張犬山城主・信濃木曽代官・十二万石）、小出吉政（但馬出石城主・六万石）、氏家正元（伊勢の内に一万石）らも上方の情勢について知らせてきたので、家康は、そのやむをえざる立場を理解し、悪感情を抱いてはいないことを伝え、彼らの心をつなぎとめていた。

第二の西軍将兵に対する投降の呼びかけとその扱いであるが、ここにはまさに家康の人物・器量の大きさがあらわれている。

話は少し前になるが、慶長四年九月、浅野長政・土方雄久・大野治長の三人は家康暗殺の容疑によって幽閉もしくは謹慎の処分を受けていた。ところが家康はこの三人を、石田らの挙兵を知った直後に解放している。罪を許されて恩情をかけられた者は、献身的な協力をするはずである。この中の土方雄久は、前田利長と丹羽長重が戦火を交えていた北陸に赴いて、両者の和睦のために奔走したのであった。また浅野長政も、東山道の秀忠に協力するために勇んで駆けつけていった。

東海道を西上した先発隊の活躍によって尾張・美濃の戦局が東軍有利の形勢となると、この方面の西軍諸将の投降が相ついだ。これに対して家康は寛大な態度を示し、快く彼らの罪を許している。ただしこれはあくまでも決戦前の段階でのことである。美濃黒野城主加藤貞泰（四万石）、美濃関ヶ原領主の竹中重門（しげかど）（六千石）らも岐阜落城後の投降組であるが、忠節を誓った彼らに対して、家康は九月三日付の書状をもって、その志を誉めている。

家康の西軍諸将に対する誘降作戦は、決戦直前まで、粘り強く続けられた。かの関ヶ原合戦の勝敗を決する鍵となった小早川秀秋の裏切りと、吉川広家を通して行なわせた毛利軍の戦闘への不参加という密約も、決戦前日の十四日にとりつけたのであった。

きめ細かな配慮

物質的・経済的な利益を与えることだけが諸将を味方につける方策ではない。血のかよった情愛や、真心のこもった誠意が、人の心を大きく動かすこともある。人情家であった秀吉に較べれば、家康の性格はいかにもクールで、人情の機微に触れるような逸話がいたって少ないが、この関ヶ原合戦に関しては、家康は意外なほど人心をつかむことに気を配っていた。こうした点にもこの一戦にかける家康の意欲と熱意の強さがうかがわれる。

越前府中城主堀尾吉晴（五万石・但し隠居）は、会津征伐に従軍する途中、立ち寄って饗応を受けた三河刈屋の水野忠重の邸で、同席していた酔客のために突然斬りつけられて負傷し、子息である堀尾忠氏の遠江浜松城で療養していた。これに対して家康は、尾張へ向かう村越茂助直吉に手紙を託して浜松に届けさせ、

——御油断なく御養生なされるがよい。

と、吉晴を見舞ったのである。

また加藤貞泰は、織田秀信からの誘いを拒みきれず、やむなく西軍に加わったが、弟光直を病中ながら人質として差し出し、家康に二心なきことを誓っていた。そこで家康はその志を喜んで手紙を送るとともに、人質の光直に三百人扶持と伝馬十疋を与え、さらに相

模小田原の宮城野温泉に赴かせて保養をさせた。

この時代、合戦に際しては忠誠のきずなとして人質を提出するならわしがあった。豊臣恩顧の諸将の多くも、東軍加担の証として、家族や一族、あるいは老臣らを人質に出していた。そうした人質に対する扱いにも、家康は抜け目のないところをみせている。

前田利長は、以前家康から謀叛の嫌疑をかけられて、その母芳春院（前田利家後室）を人質に差し出していた。この芳春院に対して家康は八月二十六日付で自筆の手紙を与え、加賀大聖寺攻略における利長の戦功を誉め、北国は切り取り次第で利長に与えることを約束し、西軍討滅後は芳春院を釈放すると告げ、さらに、

——自分は久しい間、みずから筆をとって手紙を書いたことがないが、今度は非常に満足しているので、とくに自筆をもって認めた。

と、書き添えていたのである。

勝ちにあせっての執拗な駄目押しは、かえって人の心を遠ざけることもある。家康は直接戦闘に関係をもっていなかった地域の諸将に対しては、出兵の無理じいをひかえている。すなわち、南部利直、秋田実季らをはじめとする北奥の諸将に宛た手紙では、

——ひとまず帰国して休息されたい。

といっている。これは当時、奥羽地方には一揆が頻発していたことに対する配慮であろうが、家康にしてみれば、彼らに無理をさせて悪感情を抱かせては、かえってマイナスで

ばあったのだろう。要は直接戦闘に参加しなくても、家康の行動を支持してくれさえすればよいのである。

関ヶ原合戦は家康にとって、天下を手中にするための大勝負であった。だから勝利をめざしてあらゆる可能な限りの手をつくした。家康が動員の声をかけたのは、大名だけではなかった。小豪族や浪人に対しても協力を呼びかけた。信濃の木曽義昌の遺臣のほか、もと織田信雄の家老で、いまは浪人となっていた岡田善同（よしあつ）（もと尾張星崎城主）、大和の浪人柳生宗厳、それに豊臣家臣でわずか三百石の平野長重にも手紙を送っている。家康が一人でも多くの兵を集めようとして苦慮していたさまがうかがわれる。

家康出陣

家康出陣の時刻は午前三時前後のころであった。おそらく東軍の最後尾を進んだものと思われる。家康が頭に笠をかぶり、馬にまたがって駆け出した時、これに従うものはわずか数騎であった。旗手や槍持たちは懸命にそのあとを追い、垂井に至る頃、ようやく隊列がととのったという。

馬上の家康は五十九歳、少々肥満気味で短軀な風采は、はた目には苦しそうにみえたであろうが、家康自身の胸中は、まさに、

――わが策なれり。

その皺だらけの顔には笑みさえあふれ、とても死闘に赴く者の姿とは見えなかったにちがいない。

家康は、ここ数カ月来の過去のいきさつをふり返りながら、満足げに頷いていたであろう。そこへ伝令が駆け寄ってきた。

——大津城が開城の模様にございます。

家康が大津開城を知ったのは、時間的な面から考えて、おそらくこの関ヶ原へ向かう途中のことであったろう。

二日前には細川幽斎の守る丹後田辺城が降服開城し、いままた京極高次の大津城が落とされ、東軍にとっては失点つづきである。だが、家康にとってこれらの城の落城は、大した問題ではなかったであろう。すべては関ヶ原で決着がつくのである。

ただ、この時の家康にとって、ひとつだけ気がかりなことがあった。それは、嗣子の秀忠が、いまだ到着していないことであった。

午前三時

東山道の暗雲

——しまった！　しくじった（徳川秀忠）

徳川秀忠馬印

東山道を行く秀忠

家康が馬首を関ヶ原へ向けて進んでいた十五日の未明、秀忠は信濃国筑摩郡本山（もとやま）（長野県塩尻市）の宿営にいた。前日は下諏訪を発って塩尻峠の難所を経てきたが、今日十五日に予定されている木曽への道は、いちだんと苦しさが増すはずである。本山を出て贄川（にえかわ）（長野県楢川村・現在の塩尻市）に入れば、東山道（中山道）はその名を木曽路とも呼ばれるようになる。「木曽路はすべて山の中である」、これは藤村の『夜明け前』の冒頭として知られているが、その木曽路の中でも、今日の行程に含まれている鳥居峠越えは、木曽節に「木曽の桟（かけはし）太田の渡し、鳥居峠が無かよかろ」と歌われたほど。標高一一九七メートルの頂上を越えなければならないのだ。

真田昌幸の上田城攻めを中止して、小諸城を出発した十一日以来、秀忠は連日苦しい行

秀忠のコース

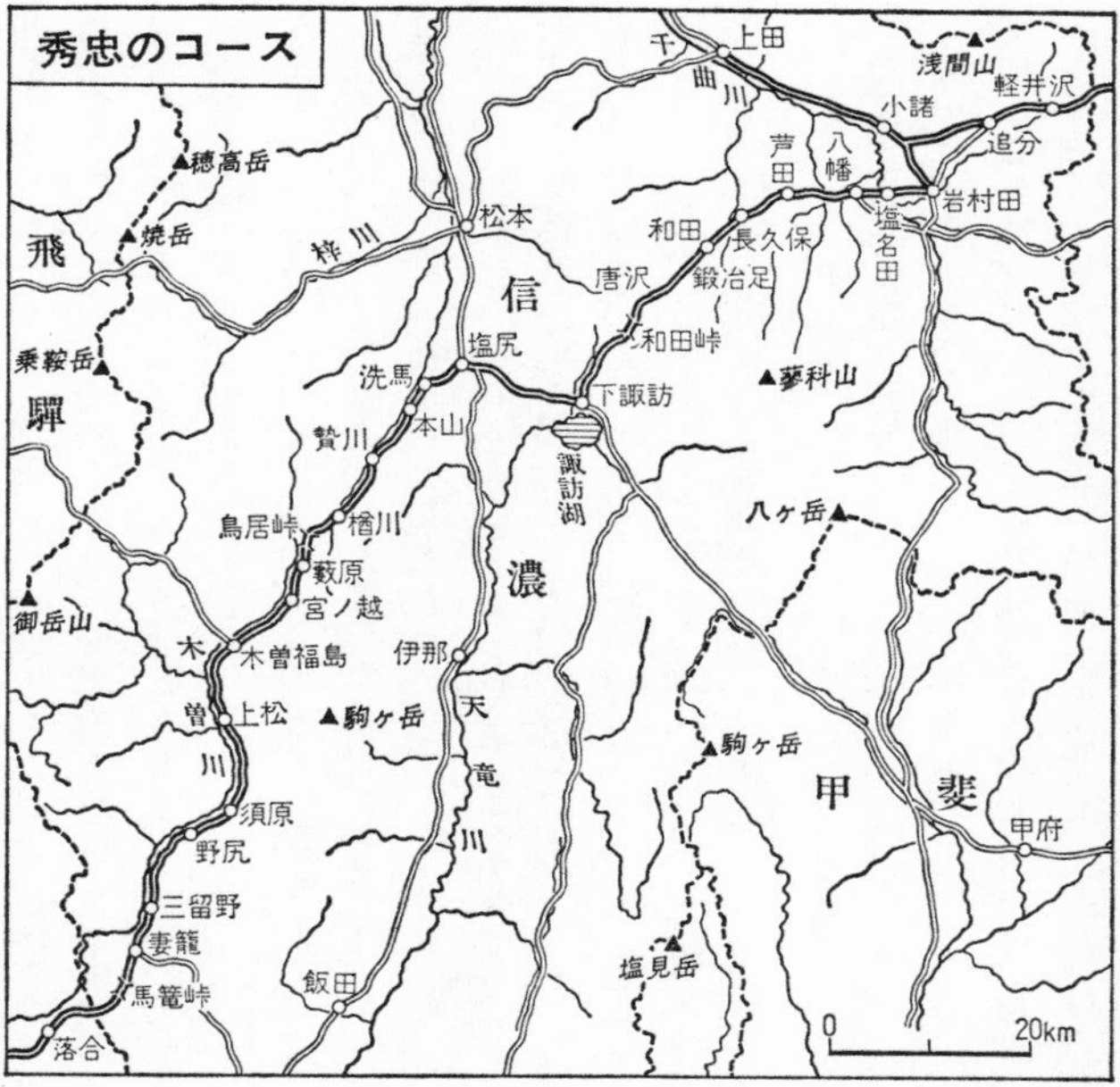

軍を続けていた。しかし、この頃秀忠は、東西両軍が関ヶ原において、いままさに衝突しようという事態にまでなっていようとは、まったく知らなかったのである。

秀忠が、関ヶ原で大合戦が行なわれ、東軍が大勝したことを知ったのは、妻籠（つまご）（長野県南木曽町）にいた十七日のことで、赤坂に到着したのは合戦四日後の十九日であった。

関ヶ原合戦の遅刻という大失態をしでかした秀忠に対する世人の評価は、きわめて悪い。江戸時代後期の大坂の儒者で懐徳堂主として名高い中井竹山（一七三〇—一八〇四）の『逸史』などは、関ヶ原で戦った家康麾下の将士は甲冑・指物など散々に損じているのに、秀忠の人数は「見事なる軍装にて、殊の外目に立ち候て見苦しく候」とさえ皮肉っている。しかし、この時の秀忠の立場からすれば、やむをえない事情もあったようである。

これよりさき、七月二十五日、下野小山で開かれた軍議で、西軍との対決と、その作戦および部署が定められたが、この時秀忠は、東海道を西上する家康に対して、東山道を前進する一軍の総大将を命ぜられた。

東山道は、江戸時代に定められたいわゆる五街道では、中山道（板橋より守山まで六十七次）と呼ばれた道と同一で、その前身を東山道といったのである。その東山道も、もともとは交通路そのものを指したのではなく、七道（東海・東山・北陸・南海・山陽・山陰・西海）の一つである東山、すなわち近江・美濃・飛驒・信濃・武蔵・上野・下野・陸奥の八カ国の地域を指した言葉であった。

連絡不十分の家康と秀忠

秀忠は、小山会議の後、しばらく宇都宮に駐屯していた。これは、会津への押さえとして残ることになった異母兄の結城秀康と相談して、上杉景勝に対する処置を行なうためである。そして宇都宮を進発して西上の途についたのは、八月二十四日のことであった。

『関ヶ原始末記』によれば、秀忠は秀康に見送られて宇都宮を発ったが、その際、町はずれの原で、二人は供もつけずに馬を乗り向かわせて、しばし語り合ったという。

秀忠の任務は、東山道方面の西軍勢力を威圧・平定しながら前進し、美濃で東海道を行く本軍と合流するというものであった。家康はこの秀忠の東山道軍の進路を開かせるために、信濃飯山城主の森忠政、同飯田城主の京極高知や、父と弟を敵にして東軍についた上野沼田城主の真田信幸(信之)、その他、信濃木曽義昌の遺臣や、飛騨、美濃の諸豪族らにも書状を送って、協力を促していた。

秀忠に従った主な部将は、榊原康政・大久保忠隣・大久保忠常・本多正信・本多忠政・酒井家次・奥平家昌・菅沼忠政・牧野康成・戸田一西(かずあき)・小笠原忠政・石川康長・諏訪頼水・西尾吉次らの譜代、これに外様の真田信幸・森忠政・仙石秀久ら信濃の諸将が加わることになる。その総軍はおよそ三万八千といわれる。宇都宮を進発した一行は、栃木、太田を経て、二十八日には松井田に到着。ここから上信国境の碓氷(うすい)峠を越えて信濃軽井沢を通り、九月二日、仙石秀久の小諸城に入った。いっぽう家康は、前日の九月一日に江戸を出馬し、その日は神奈川に泊り、二日は相模の藤沢まで進んでいた。

こうして、家康・秀忠父子は、相前後して出陣し、それぞれ西上の途についた。しかしこの父子の間には、最初から連絡不十分なところがあったように思われる。

東山道を行く秀忠は、はじめから真田昌幸の上田城攻めに重点を置いていた。八月二十三日付で真田信幸に宛た書状には、明二十四日に、「此地（宇都宮）」を罷り立ち、「ちいさ形」すなわち上田城のある信濃小県郡に出動するから、彼の地へ「御出張あるべく候」といっている。

また同日付で岡田善同（もと織田信雄家老・尾張星崎城主）、三好一任、平野長重、野間乙長ら尾張清洲あたりに集合していた諸士たちに与えた書状でも「信州真田表仕置のため明廿四日出馬せしめ候」と記している。そしてまた小諸から九月四日付で浅野幸長に与えた書状や、翌五日付で黒田長政、細川忠興、加藤嘉明、本多忠勝ら、岐阜に在陣していた諸将たちに送った書状にも彼らの岐阜城攻落における戦功を賞するとともに「我等事、真田表仕置として出陣せしめ候。此の表、隙明次第上洛せしむべく候」などと記し、上田城攻めが片付き次第上洛するといっているのである。

これに対して家康の手紙をみると、上田城攻めそのものに関する文言はまったくみられない。家康が八月二十七日付で、岐阜にいた福島正則・池田輝政・藤堂高虎・黒田長政ほか七名の諸将に送った書状では「中納言（秀忠）は先ず中山道を押し上るべきのよし申し付け候。我等は此の口より出馬申すべく候」として、秀忠は中山道から、自分は東海道から西上すると伝え、「我等父子を御待ち候て尤に候」といっている。

また九月一日付で神奈川から福島正則、池田輝政らに送った書状では「中納言木曽に罷り出候あひだ、その御意あるべく候」、つまり秀忠が木曽に入ったからそのつもりでいて欲しいといっているのだ。木曽などとはとんでもない。この日秀忠は碓氷峠を越えて信濃路に入ったばかりである。

そして、九月六日付で駿河島田宿から福島正則に送った書状でも、「中納言、定めて十日時分には其の地迄参るべくと存じ候」と記している。なんとも気の早いことだが、家康は、秀忠が九月十日頃には「其の地」つまり東海道の先発隊のいる美濃岐阜辺に到着するであろうといっているのである。この時の家康の頭の中には、秀忠軍が上田城攻めに日時をついやすことなど、まったく考えてはいなかったようである。家康としては、秀忠の率いる大軍に対して、真田昌幸が手出しをするとは思われず、また上田城への押さえは東軍方についた真田信幸に任せればよいとし、東山道西上軍が遅れることなどは思いも及ばなかったのであろうか。

家康・秀忠父子の連絡不十分といえば、かの関ヶ原における決戦にしてからが、最初から打ち合わされていた計画ではなかったであろう。そもそも、両軍が関ヶ原で激突すること自体が、はじめから予測されていたわけでもなかったにちがいない。

家康が九月一日付で真田信幸に与えた書状をみると、大垣城には石田・島津・宇喜多・小西らの西軍諸将が籠城しているから、これを「水責（みずぜめ）」にするため、早速に出馬した、といっているから、東軍の作戦も、当初は大垣城包囲を考えていたのであろう。もしそうだとすれば、秀忠は美濃での合流の期日をはっきりと定められていたわけではあるまい。さきに家康が秀忠の美濃到着を「十日」といっていたのも、これは家康の単なる個人的な想像からの見解であって、秀忠との間でとりきめられていた約束の期日ではなかったであろう。

しかし、九月十一日、家康は尾張の清洲に着いたが、ここで秀忠軍がいまだ着陣していないことを知って驚いた。その夜、清洲の家康の宿営において、井伊直政・本多忠勝・藤堂高虎らと今後の作戦が議された。その席上本多忠勝は、

――この地にありて東山道軍を待つべし。

と主張。これに対して井伊直政は、

――直ちに一戦しかるべし。

と反対し、秀忠軍の到着を待つべきか否かについて意見が分かれた。

だが結局は、秀忠軍の到着を待たずに作戦をおしすすめることを決したのであった。それは、この時もはや、八月の下旬以来大垣を目前にしながら手出しを止められていきりたっている、福島正則らの先鋒隊を抑えることがむずかしいと考えられ、また秀忠軍の合流を待たずとも、単独による作戦の決行が可能であると判断されたからであろう。ただ、板坂卜斎の覚書によると、家康は十二日は「少し風（風邪）をひかせられ」たため、清洲に逗留して薬を服用し、快気になったので十三日に岐阜へ向かったと記しているが、この時の家康には、風邪を口実にして出陣を遅らせ、秀忠軍の到着をいま少しだけ待ってやろう

という気持もあったのかもしれない。わが子の面目を傷つけさせないためのせめてもの親心である。

手間取った上田城攻め

この時の秀忠はまったく運が悪かったともいえる。東山道を行く東軍は不慮の災難の連続であった。その最たるものは、何といっても真田昌幸の執拗な抵抗である。昌幸のために、秀忠は約八日間も釘づけにされてしまった。

真田昌幸は、子の信幸・幸村（正しくは信繁）とともに、徳川秀忠の指揮下に入って会津征伐に従軍していたが、七月二十一日、下野の犬伏（いぬぶせ）というところで、石田三成の使者がもたらした家康弾劾の檄文と、西軍への加担を求める密書を受け取った。そこで昌幸は二人の子息に向背の道を自由に選ばせ、その結果、家康の寵臣本多忠勝の娘（家康養女）をめとっていた信幸は東軍に属し、豊臣家の奉行大谷吉継の娘を妻とし、かつ三成とも親しかった幸村は、昌幸とともに西軍に味方をすることになったといわれている。巷間に知られている、沼田城の留守を預かっていた信幸の妻が、上田帰城の途中に立ち寄った舅・昌幸を城内に入れなかったという話はこの直後のことである。なお、真田昌幸と石田三成も相婿の関係にあったとする説もある。三成の妻の父は宇田頼忠（もと豊臣秀長の臣・大和の内に一万石）であるが、『新編信濃史料叢書』に収める「長国寺殿御事蹟稿」によれば、昌幸の妻も宇田頼忠の娘であったという。

ところで、この関ヶ原における真田父子・兄弟の訣別について、いっぽうには、家を守るために意識的に敵味方に分かれたとみる考え方もある。「東西にみごろをわける真田縞」「たね銭（真田氏家紋）が関東方に残るなり」「銭づかひ上手にしたは安房守（昌幸）」これらの狂句も、同様の考え方から作られたものである。

たしかに昌幸の立場からみれば、こうした考え方にも納得がいく。もともと昌幸は、豊臣にも徳川にも、それほど恩顧を受けていたわけではなかった。真田氏は信濃小県郡を本拠とした小豪族であり、はじめ村上氏に属し、武田信玄の信濃侵入とともにこれに従い、さらに武田滅亡と同時に信長に通じ、その後も北条についたり、家康になびくといった狡猾なまでの保身術をもって、戦国の世をたくみに生き抜いてきたのだ。

こうした昌幸の処世ぶりは、秀吉に「表裏比興」とまでいわせている。「表裏」とは謀叛、「比興」は卑怯という意味である。昌幸はまさに表裏比興に徹して、時勢の流れを的確にとらえ、その間隙をぬって、自家の発展拡大に成功してきたのであった。だから昌幸が、東西いずれに勝敗が決しようとも、わが手で築いてきた真田家を滅ぼすことだけはしたくないと考えたのも当然であろう。

さて、九月二日、小諸城に入った秀忠は、早速に上田城の真田昌幸に降服開城を勧告するための使者を立てた。ところが、双方、約二日間にもわたってやりとりを重ねながら、昌幸はいっこうに降服を受け入れる様子を示さなかった。昌幸の敵対は明らかである。そこで秀忠は真田信幸に命じて、昌幸の支城である伊勢崎砦を攻めさせると同時に、みずからも兵を進めて、上田城東方の染屋平に本陣を構えた。

この時、伊勢崎砦は、骨肉の戦いを嫌った守将の真田幸村が、砦を捨てて上田城に引き揚げたため、信幸は無血でこれを奪取した。が、上田城は総力をあげて秀忠軍に抵抗する姿勢をみせたのである。

上田城は、千曲川に臨む段丘上に築かれ、崖下の天嶮を要害とした堅城であった。この城はのちに取り壊され、現存する三つの二重櫓は、寛永三年（一六二六）仙石忠政の再築といわれる。昌幸は、天正十三年（一五八五）八月に、七千余の徳川の兵を上田城にひきつけ、わずか二千の城兵をもって防戦し、これを撃退した経験をもっていた。

両軍による小ぜり合いは六日から始められたが、本多正信は戦闘に反対し、秀忠に、

——味方は多兵なれば、城兵も手出しすべき様なし。片時も早く、美濃・尾張へ御発向されるべきでありましょう。

と諫めた。その場にいた部将の中にも、正信と同じ考えをもつ者もあったが、戸田左門が末座より進み出て、

——若き殿（秀忠）の思召を止めたてまつるべきではござらぬ。内府公（家康）も、おそらくは上田の城を攻め落し、その後に御発向あるものとお考えであろう。只々攻めかか

って然るべし。

と、意見をのべた。こうした強硬派の主張に対して、正信はなおも、

――大事の前の小事なり、是非城攻めを止められるべし。

と反対した。だがこの時秀忠は、

――今少し思慮あるべし。面々もその利害を計るべし。

といって、いま少しこのまま敵と対峙することを決したのであった。どうしたことか、秀忠の心は、すでに宇都宮進発のときから、上田城攻めにとらわれていたのである。

だが、秀忠が敵としている真田昌幸・幸村父子は、武略・智略ともにすぐれた戦術家であった。秀忠軍は大兵を擁しながら、寡兵の上田勢のゲリラ戦法に手こずり、これといった戦果をあげられぬまま空しく日時をついやしてしまった。そして九日を迎え、秀忠は、本多正信の重ねての諫言をもはや拒否することはできなかった。森忠政、仙石秀久、真田信幸ら、信濃に所領をもつ諸将を押さえとして残し、小諸へ引き返したのであった。

――しまった！　しくじった！

小諸への帰路にあった秀忠の心は、おそらくこんな思いで一杯であったにちがいない。先を急ごうという場合、途中にある敵城は攻撃せず、押さえの兵だけを残して行くというのが兵法の常道である。明らかに秀忠の判断の甘さが招いた失敗であった。

秀忠が、かくも上田城攻めに執着した原因は明らかでないが、彼にとってこの戦いは、

初陣であったはずである。秀忠は当年二十二歳になっていたが、いまだに実戦の経験がなかった。文禄慶長の役の際も、病気療養の身にあったため、出陣の機会に恵まれなかったのである。だから秀忠としては、西上の途中で、強敵真田昌幸を斬り従え、緒戦を勝利で飾った上で、東海道の本軍と合流しようとでも考えていたのであろうか。

根深い部将間の対立

地味で温厚な性格であったといわれる秀忠のこと、戦場の指揮官としてはいささか厳しさに欠けるところがあったのかもしれない。秀忠軍には部将間の対立があった。とくに本多正信や大久保忠隣のような行政家タイプの部将と、榊原康政・牧野康成のような武功派の部将との間の折り合いはきわめて悪く、時には刃(やいば)を抜き合わさんばかりの衝突事件を起こすこともあったようである。

上田城攻めの最中にも、本多正信と牧野康成が激しく対立している。ことの起こりは、味方の兵士が刈田（田畠を刈り取ること）を行なうのを見た敵兵が、これを追い払おうと大挙して押し出して来た。そこで康成がみずから下知して撃退し、さらに追撃を加え、この戦闘自体は勝利を収め、後世〝上田の七本槍〟と呼ばれた勇士さえ作られた。が、これを本多正信は軍令違反として秀忠に訴えたため、康成配下の兵士が処罰を受けることになった。ところがこれを聞いた康成は、

——今日のことは従士の所為ではない。自分が罪を引き受ける。

と、開き直ったので、秀忠を怒らせてしまったのであった。

また、十一日に小諸を進発する際にも、真田昌幸の追撃を懸念して間道を行くことを提案した本多正信と、これに反対する榊原康政とが対立した。そして一説によれば怒った康政は、手兵を率いて別行動をとって本道を行き、和田峠を越えて下諏訪で本隊を待ち受け、これに合流したという。ただし、『関原軍記大成』の著者宮川尚古は、地理的な条件から、秀忠の間道行軍と榊原隊の別行動説を否定している。

なお、宮川尚古は、始め宮腰秀興といい、長沼宗敬（澹斎）に兵法を学んだ軍学者である。その履歴は明らかでないが、若狭の出身で、小浜藩主酒井忠勝・忠直に仕えたが、のち久留米藩に招かれて兵学を教授し、享保元年（一七一六）、六十二歳で没したと伝えられている。その著『関原軍記大成』は、巻末に掲げた参考文献の解説で述べたように、小浜藩と関係の深い『関ヶ原始末記』をもとに、諸書を参考にして異説をあげ、考証をほどこし、その際には関ヶ原合戦に参加した生き残りの古老の証言をも加えている。量的にも、関ヶ原関係の諸書の中では最も多く、また江戸中期以降の諸書の多くは、これに依拠しているところが多いようである。

前途なお険し

『関原軍記大成』の記述によれば、十一日に小諸城をあとにした秀忠軍は、その日は「長峯」に野営し、翌十二日は「梶原」に止宿した。長峯の地は不明であるが、梶原は旧中山道沿いの鍛冶足のことかもしれない。和田宿のすぐ近くである。そしてここから標高一五三一メートルの和田峠を越えて、十三日は下諏訪に泊り、十四日すなわち関ヶ原合戦前夜は本山の宿営で眠りについたのであった。連日の山越えの行軍に、秀忠もその将士たちも、すっかり疲れはてていたことであろう。が、当時の人は早起きである。寅の刻（午前四時）には起きて出立の用意にかからなければならない。また苦しい山中の行軍である。

せめてものさいわいは、この木曽への道で、行く手を阻む西軍勢力に出会わなかったことであった。これは家康が、あらかじめ会津に従軍していた信濃木曽義昌の遺臣の山村甚兵衛・千村平右衛門・馬場半左衛門らに、金銀を授けて、木曽に赴かせ、秀忠軍の進路を開くように指示を与えていたことによるものであった。

木曽氏は義仲の子孫と称して木曽に土着し、義昌は武田に仕え、のち織田・徳川に属したが、義昌の子義就が、秀吉の怒りを受けて改易となっていたのであった。

その頃木曽は、豊臣家の代官石川貞清が支配していたが、山村ら三人は木曽に潜入し、家康から預かった金銀をばらまいて一揆を募り、数万の百姓に紙小旗を持たせて大軍にみせかけて敵をあざむき、戦わずして木曽周辺を制圧したという。なんとも滑稽な話ではあるが、こうした子供騙し（だま）のような戦術も、木曽の山中なればこそ成功したのであろう。秀忠はこの十五日の到着予定地木曽で、山村ら三人に御目見えを許すはずである。

総じて、秀忠軍の行軍は難渋をきわめたものであった。むろん東海道軍も決して楽ではなかった。先鋒隊の苦難のさまを、卜斎は「打続きての雨に道あしくなり、壁土をこねたる如くなる道を、諸人通り候に、馬足の前ヱタの節（前脚の関節）迄とどき候。ゆるき土の中を一足づつ渡り候。中〳〵目も当られぬ体なり」と記している。家康も同じような難儀を経験したであろう。

だが、行軍の難儀さという点では、山道の通行をしいられていた秀忠軍のほうが、はるかに苦しかったであろう。狭い街道を、それも屏風を立てたような山中の道を進み、細い懸橋を渡り、渓流をまたがなければならなかったのだ。しかも重い小荷駄を積んだ車馬を従えての行軍であるから、言語に絶する苦労をともなったにちがいない。

思えば、秀忠の軍略家としての未熟さが、東山道軍の苦難をより重いものにしてしまったのであろう。そして結局は関ヶ原合戦に遅れてしまうのである。

ちなみに、合戦四日後の九月十九日、秀忠はこの夜到着した赤坂の宿営で浅野幸長に手紙を書き「我々儀、路次中日夜急ぎ申し候へども、切所遅れ候て、手あひ申さざる事、迷惑御推量なさるべく候」と痛恨の情を訴えているが、所詮はあとのまつりであった。翌二十日草津に赴き、大津の家康に使いを馳せて面会を求めた。だが家康はこれを許さず、諸将のとりなしによってようやく怒りを静め、父子の対面が行なわれたのは二十三日のことであったという。

秀忠はこの関ヶ原合戦の際に味わった屈辱と痛恨感を生涯忘れることができなかったらしい。話はこれよりさらに十数年後、慶長十九年の冬、大坂冬の陣開戦直前の頃のことである。

二十万余の大兵を率いて江戸城を出陣した秀忠は、上方への行軍の途中、京都にいる大御所家康の近臣本多正純や藤堂高虎に宛て、大坂城の攻撃開始を自分の到着まで待つように家康に言上して欲しいと、繰り返し繰り返し頼んでいる。おまけにこの時の秀忠の行軍には、三日も前に出発していた先鋒の伊達政宗の兵を追い越さんばかりの超スピードであったため、その隊列を乱した軽挙ぶりを家康からたしなめられたというエピソードまでがついている。

もちろん秀忠の念願は叶えられているが、この時も秀忠は、あの十数年前の関ヶ原合戦の遅刻という苦い経験を思い出していたにちがいない。

午前四時

西軍の布陣ほぼ完了

——よし、一蓮托生じゃ（大谷吉継）

大谷吉継軍旗

関ヶ原騒然

おそらく午前四時前後のことと思われる。丸に十文字の軍旗を立てた島津隊が関ヶ原に到着。ついで小西行長・宇喜多秀家の隊も到着し、西軍のすべての顔ぶれが揃った。

先鋒の石田隊が関ヶ原に入ったのは、これより数時間ほど前になろう。三成自身は、大垣を出たのち、途中岡崎から単騎馬を馳せ、長束正家・安国寺恵瓊らと会い、また松尾山の麓で小早川秀秋の老臣平岡頼勝と会見し、来たるべき合戦にあたっての作戦をうちあけ、狼煙（のろし）を合図として東軍の側背を衝くことを約束させ、ついで山中村で大谷吉継とも協議を済ませ、関ヶ原に近づいていた自分の部隊に追いついたのであった。

ここ関ヶ原は、美濃国（岐阜県）不破郡に位置している。このあたりは、北の伊吹山系と、南の鈴鹿山脈が、互いに裾野をひろげ、西には今須山、東には南宮山を控えた四キロ四方内外の盆地である。この中を東西に中山道が貫通し、中央から西北に分かれて北国街道、同じく東南に伊勢街道がのびている。すなわち、東へ向かえば尾張、西に向かえば近江から京都・大坂、そして西北へ向かえば越前に抜ける交通の要衝だ。遠い昔、七世紀の末に起こった壬申（じんしん）の乱の際には、大海人（おおあまの）皇子と大友（おおともの）皇子の両軍による合戦の火ぶたがこの地で切られ、その翌年に不破関（ふわのせき）が置かれたのも、ここが本州の東西を遮断する要地と考えられていたからであろう。今日でも、東海道本線、新幹線、名神高速道路などが集中している。なお、言語や風俗など、日本の東西文化の差も、この関ヶ原を境にしてあらわれているといわれている。

西軍も、当初からこの関ヶ原での対決を考えていたわけではあるまい。少なくとも、岐阜城が陥落する八月二十三日以前においては、岐阜を中心にこれと結ぶ犬山城、竹ヶ鼻城を拠点として濃尾平野を押さえ、さらには尾張以東にまで兵を進める気構えを持っていた。

ところが岐阜城主の織田秀信が、大した抵抗もせず、あっけなく城を明け渡してしまったため、犬山、竹ヶ鼻もあいついで東軍に奪われて防衛線が崩され、大垣への退却を余儀なくされたのである。そしてさらに、大垣を出て関ヶ原に向かったということは、また一歩退いたことになる。もちろんこれは表面的には近江・大坂方面へ進もうとする東軍を阻むためではあるが、その実質は後退にほかならない。攻勢の東軍に対して、西軍は明らかに守勢の立場にまわっているのである。

さて、大垣城から出撃してきた西軍の主力が到着するより前に、すでにこの関ヶ原の盆地の中の山や小丘に宿営を構えている部隊もあった。ここでは『関原軍記大成』『関原合戦図志』等の記述を中心にして、これを諸記録で斟酌しながら、その概略を記そう。

すなわちその主なものは、関ヶ原の西南山中村の藤川の台に、大谷吉継の本隊六百と戸田重政、平塚為広ら合わせて約千五百が陣取っている。なお藤川対岸の中山道沿いの左右の山に、吉継の子息・吉勝の二千五百余と、同じく甥・木下頼継の千余がそれぞれ待機している。

また南宮山に陣所を置いた毛利秀元を中心にして、その周辺には吉川広家・長宗我部盛親・長束正家・毛利勝永・安国寺恵瓊らが陣をつらね、その兵は合わせておよそ三万余。この長束以下の諸隊は伊勢安濃津落城後にこの地に来着して布陣していた。そして松尾山には小早川秀秋およびその先鋒平岡頼勝・稲葉正成・松野主馬・石川佐左衛門らの兵都合一万五千余。その近くの平野には、脇坂安治・小川祐忠・朽木元綱・赤座直保らの諸隊が陣を張っていた。

大垣から到着した石田以下の各部隊は、これら諸隊の陣所を見ながら、それぞれ所定の場所に陣取ったのである。

石田隊六千は二手に分かれ、一隊は小関村に、三成は一隊を率いてその北方笹尾山に陣し、島左近勝猛・蒲生備中らを前衛として、東西に青竹をもって二重の矢来(やらい)を結び、堀をめぐらし、弓・銃手を待機させた。

三成隊の隣には織田信高・伊藤盛正・岸田忠氏、および秀頼麾下の黄母衣衆ら二千余が

並んだ。

島津隊約千五百は、惟新と、その甥島津豊久・山田有栄の三隊に分かれて鋒矢の陣形を

とって、三成の陣地の東南二百メートルほど離れた小池村に布陣。

島津のあとに続いた小西行長隊四千は、二手に分かれて島津隊の右手に。最後に到着し

た宇喜多秀家の一万七千余は、天満山の前に五段に構えて配置についた。

この時、西軍として関ヶ原に布陣した総兵力は、約八万数千ほどであったが、十万と号

していたようである。

明治十八年に陸軍大学校の教官として招かれて来日した、ドイツのクレメンス＝メッケ

ル少佐は、関ヶ原合戦における陣形をみて、即座に「西軍の勝ち」といったと伝えられて

いる。それは西軍の布陣が、小高い山々を利して、敵を誘い込んでこれを包囲攻撃しうる

態勢にあったからである。中国の兵書にいう典型的な「鶴翼」、すなわち鶴が翼をひろげ

て敵をおし包む陣形であったのである。

友情捨てがたし

この西軍諸将の中で、最も早く関ヶ原に布陣していたのは大谷刑部少輔吉継であった。

吉継の名については吉隆とする説もある。『古今武家盛衰記』では、石田に味方した後、吉凶を占って吉隆と改名したという。が、ここでは通説の吉継に従う。

越前敦賀城主の吉継は、西軍の挙兵以来、加賀小松城主の丹羽長重、同大聖寺城主の山口宗永、越前北ノ庄城主の青木一矩、および援軍として参加していた脇坂安治・朽木元綱らとともに、東軍方についていた加賀の前田利長と小松でにらみ合っていた。が、三成の出兵要請を受けたので、丹羽長重に後事を託し、脇坂・朽木の諸隊とともに北庄を発し、九月三日、関ヶ原の西南の山中村に陣を張り、赤坂付近に集結している東軍の動きを牽制する役割をつとめてきたのである。

吉継は、関ヶ原合戦における石田三成の盟友的存在であった。しかしこの二人の結びつきにも、若干こみいったいきさつがあったようである。

家康が会津遠征軍を起こした時、吉継も、はじめはこれに従うつもりで、北陸勢を率いて進発した。ところがその途中、垂井（たるい）の宿まで来た時、三成にむかえられ、佐和山城へ招かれ、家康打倒の密謀を打ち明けられたのであった。七月十一日のことだ。

三成は、

——家康の近頃の行為をみると、太閤様の御遺言に背くだけでなく、秀頼公を侮蔑するものだ。われら太閤様の大恩に浴するものは、とうていこれを傍観することができない。家康討滅の兵を挙げたい。

と、熱弁をふるった。おどろいた吉継は、

——愚かなことを、内府の実力声望は世に大きい。いま兵を挙げるのは、かえって天下を混乱させる。

と再三にわたって説き、軽挙をいましめたが、三成は頑としてその説を曲げなかった。

吉継は、いったん別れを告げて垂井の宿にもどった。が、三成の性格を熟知している吉継であっただけに、二十年来の旧友の苦痛が察せられ、ついに三成と死をともにしようと決意したのであった。

吉継は、三成と同様、豊臣家の奉行の一人であった。その出自は、豊後の大友宗麟の家臣大谷盛治の子であったが、秀吉の小姓として仕え、秀吉の偏諱（へんき）「吉」の一字をもらうほどの厚遇を受け、禄高も六万石を与えられ、豊臣家の行政面で活躍していた。とくに秀吉の九州征伐のときには、石田三成・長束正家とともに兵糧米などの支給奉行を、また朝鮮侵略の際には、石田三成・増田長盛とともに船奉行として、朝鮮渡海部隊の輸送や、兵糧・武器・弾薬等の補給を円滑におこなった。そして秀吉が明（みん）の使者に七ヶ条の講和条約を示したときには、秀吉の署名の脇に、三成・長盛・小西行長らとともに、吉継も副署していたほどである。太閤検地のベテランでもあり、三奉行の一人と称されたこともある人物だ。ただ、秀吉が死期近くに定めた豊臣家五奉行の中に吉継が含まれていないのは、彼の持病であったハンセン病が悪化したため、太閤晩年における豊臣家の行政面に携わっていなかったからと思われる。

関ヶ原合戦当時、吉継のハンセン病はさらに悪化していた。視力はほとんど失われ、足腰も立たず、竹輿にかつがれて参戦したといわれる。『関原軍記大成』には、盲目の吉継の風体について「面色汚き故、袋の如くなる頭巾を被り、乗物に舁がれて出たり」と記している。また『慶長見聞集』には「刑部少輔は盲目故に小姓を替り〳〵に傍におき其の数に依つて人々え挨拶なり」と伝えている。

三成と吉継との結びつきについて、『校合雑記』は「三成ハ大谷と男色の契盟ありし人なり」などと記しているが、これはいかにも三成を悪役にきめつけていた徳川氏の時代の偏見らしい。『天野遺話』という書物には三成と吉継について「断金の交り」と記している。二人の仲は世間にも友情で結ばれた知己としてみられていたものと思われる。

かつて奉行の一人として、豊臣政権の行政面の中枢に参画してきた吉継には、家康打倒を企てる三成の気持がよく理解できた。いや三成に密謀の相談を受けて、かえって自分のとるべき立場を教えられたのかもしれない。ただ、最初三成に大事を打ち明けられた時には、あまりにも唐突であったので仰天し、反対意見を吐いてしまった。だが、垂井の宿にもどってから、そのことを一人考えつづけていくうちに、三成との多年の友情や、いまは亡き太閤秀吉のおもかげが、吉継の頭の中を覆いつつんでしまったようである。

――よし、一蓮托生じゃ。

重い病に死期の遠くないことを悟っていた吉継にとって、この戦いはまたとなき死に場所のようにも思われてきたのかもしれない。

決心を告げに佐和山へ赴き、三成と再会した吉継は、次のように忠告したといわれる。

――貴殿の態度が横柄だというので、諸大名はもとより、下々の者までが、いつも悪口をいっているということだ。徳川内府殿は家柄もよく、官位も高く、日本には二人といない実力者であるにもかかわらず、諸大名に対してはもとより、軽輩・小者にも愛想よく慇懃(いんぎん)なので、世間の評判がよい。人の上に立って事をおこなうには、下々の者にも心服されるようでなければならぬ。貴殿や拙者などはまったくの小身者であったのを、故太閤様のお取り立てにあずかって立身したことは、誰もが知っていることだ。だから、公儀のご威光で、諸人もうわべは尊敬しているようであっても、本心からそう思っているわけではない。この点をよくわきまえ、今度の大事も毛利輝元・宇喜多秀家の両人を上に立て、貴公はその下につき、出しゃばらぬように心掛けることが肝要であろう。

と。この三成と吉継の結びつきに関する逸話の内容は、諸書によって多少の異同があるが、これは、『落穂集』に載せる、大谷吉継の親族の語ったことを筆記したという聞書によった。たしかにこの吉継の言は、三成の一面をよくついているといえよう。

三成の権勢は、太閤秀吉あってのもの。しかも奉行という公的立場にあってこそ通用するものなのだ。

五体の自由もきかぬ病身の吉継ではあったが、いまの彼には、生命を捨てて友情をつらぬこうという気持しかなかった。わが眼でたしかめることはできなかったが、にわかに騒然となってきた周囲の情勢に、友軍の到着を知り、病身の心にも、いつしか奮い立つものを感じていた吉継であったろう。

午前五時

東軍戦闘態勢に入る

——してやったり（黒田長政）

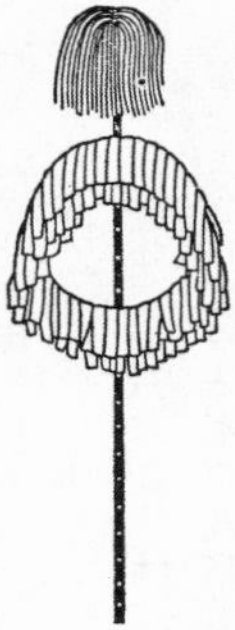
黒田長政馬印

東軍の布陣

左側は福島正則隊、右側は黒田長政隊。二列縦隊で進軍した東軍の先鋒隊が関ヶ原に達したのは、西軍最後尾の宇喜多隊が布陣を了えたのと、ほぼ同時刻、午前五時頃であったと思われる。

敵に気づかれぬよう、鳴りをひそめ、息を殺して夜道を行軍した西軍とは異なり、あとから行く東軍は、かけ声も勇ましい全力疾走であったのだ。

その時刻、雨はいくぶん小降りになっていたが、周囲を山に囲まれた関ヶ原一帯は、息苦しいほどの濃霧につつまれていた。

——敵か、味方か。

突然発せられた叫び声に、霧の中の両軍兵士の間に、一瞬どよめきがおこった。

濛々たる霧のために視界を失われていた福島隊の先頭が、西軍後尾、宇喜多隊の輜重隊（小荷駄隊）と接触してしまったらしいのである。

三名の斥候を出して、敵軍の布陣を確認した東軍は、ここにおいて前進を中止し、所定の通り、ただちに戦闘態勢の陣形をとりはじめた。ここでは『関原軍記大成』の記述を中心にして『関原合戦図志』その他の諸書を参照しながら、その概要を記そう。なお、各隊の兵員数については、主として参謀本部編の『日本戦史関原役』に依拠している。

両軍の兵員数については、正確なことはわからないが、『日本戦史関原役』の兵力算出の根拠は、慶長五年四月二十七日付の島津龍伯（義久）宛の島津惟新書状中に記されている会津遠征の際の軍役高、すなわち禄百石ごとに三人とあるのを基準としている。むろんこの中には、小荷駄運びの人夫や雑役勤仕にあたる非戦闘員も含まれている。ふつう、総人数の約三分の一はこうした裏方であった。

軍記物語をみると、中世では「三百騎」「五百騎」などと、ほとんどの場合騎馬武者の数しか記されていないが、戦国期も近世にちかくなると、騎馬武者と歩卒の区別をせず、「二千」とか「三万」などと、総兵力をもって記されるようになる。

戦国大名の兵力は、ふつう一万石につき二百五十人前後といわれた。十万石ならば二千五百人となる。これをかりに旧日本陸軍の兵団の規模と比較しよう。日本陸軍の戦略単位の中心は師団であった。師団の構成兵員は時期によってかなりの差異があるが、太平洋戦争終戦間近の頃では、一師団は歩兵三個連隊を基幹とする三単位編成で、歩兵一個連隊は三個大隊からなり、さらに一個大隊は三個中隊と機関銃中隊からなっていた。歩兵一個中隊の人員は約一四八名、一個大隊五八四名、一個連隊は二千余名、そして一師団の人員は約六千名であった。

この規模を戦国大名の兵団にあてはめてみると、約十万石で一個連隊、三十万石クラスの大名の兵力が、およそ一師団ぐらいに相当したと考えられる。

関ヶ原における両軍の規模や諸部隊の行動をみると、意外にも旧陸軍の兵員構成に類似していることが多いのに気がつくのである。

東軍一番の先頭福島正則（六千人）は、深く前進して天満山の宇喜多隊に対陣。ついで筒井定次（二千八百五十人）、田中吉政（三千人）らが順次中山道の北に並んで天満山以北の敵に対し、藤堂高虎（二千四百九十人）、京極高知（三千人）は中山道の南・柴井に陣して、松尾山・山中村等の西軍に備えた。

二番の細川忠興（五千人）、加藤嘉明（三千人）、戸川逵安（みちやす）（不明）らは中山道の北・北国街道沿いの地に並び、黒田長政（五千四百人）、竹中重門（不明）は丸山に陣し、笹尾山、天満山の西軍に備えた。

三番の松平忠吉（三千人）、井伊直政（三千六百人）、本多忠勝（五百人）、織田有楽（四百五十人）、古田重勝（千二十人）らは十九女ヶ池（つづらいけ）、茨原（いばらはら）周辺に布陣した。なお、この方面

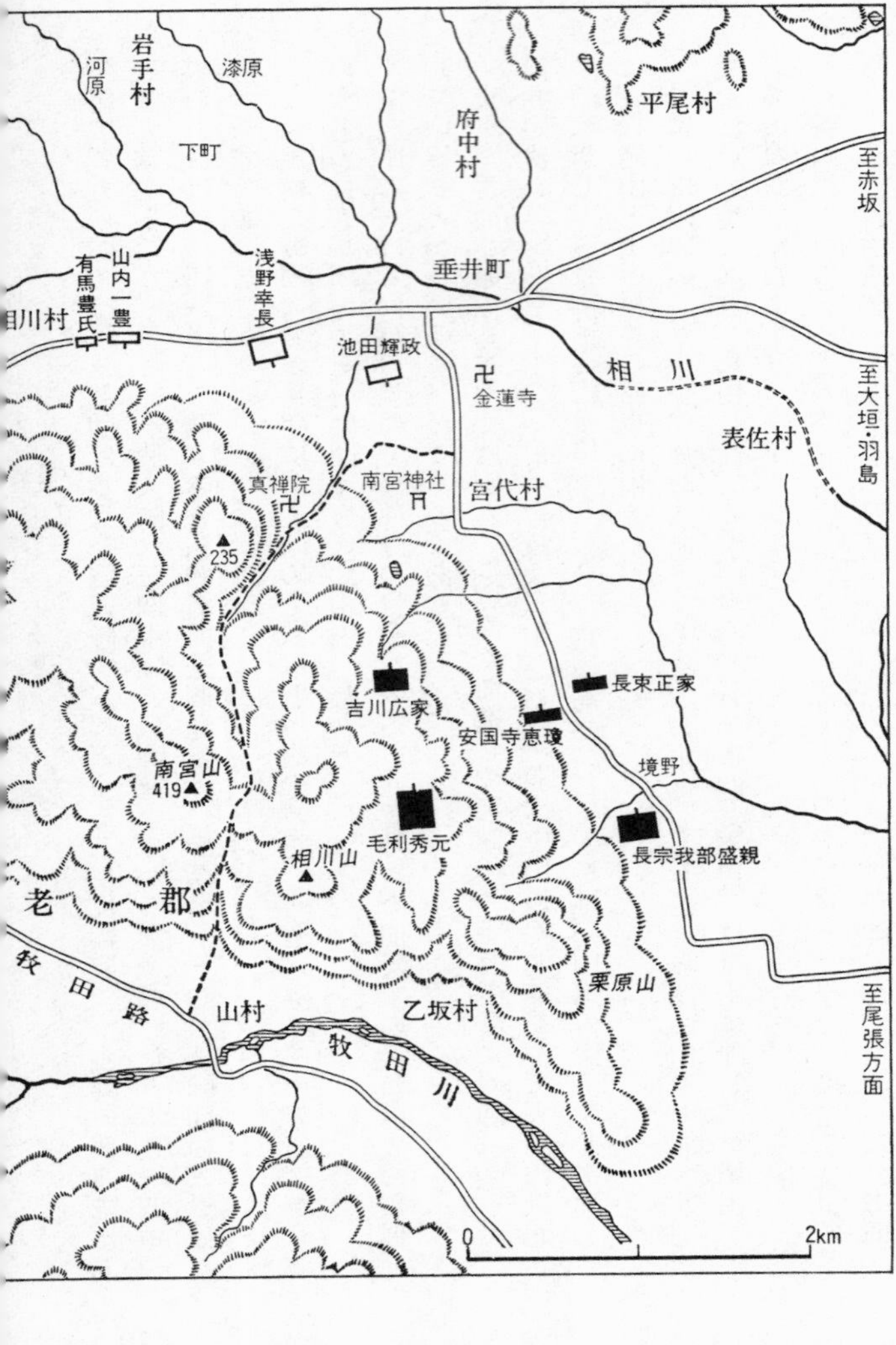

岩手村
河原
漆原
平尾村
府中村
下町
至赤坂
有馬豊氏
山内一豊
浅野幸長
垂井町
相川村
池田輝政
卍
金蓮寺
相川
至大垣・羽島
表佐村
真禅院
南宮神社
宮代村
235
吉川広家
長束正家
安国寺恵瓊
境野
南宮山
419
毛利秀元
長宗我部盛親
相川山
老郡
牧田路
栗原山
山村
乙坂村
至尾張方面
牧田川
0
2km

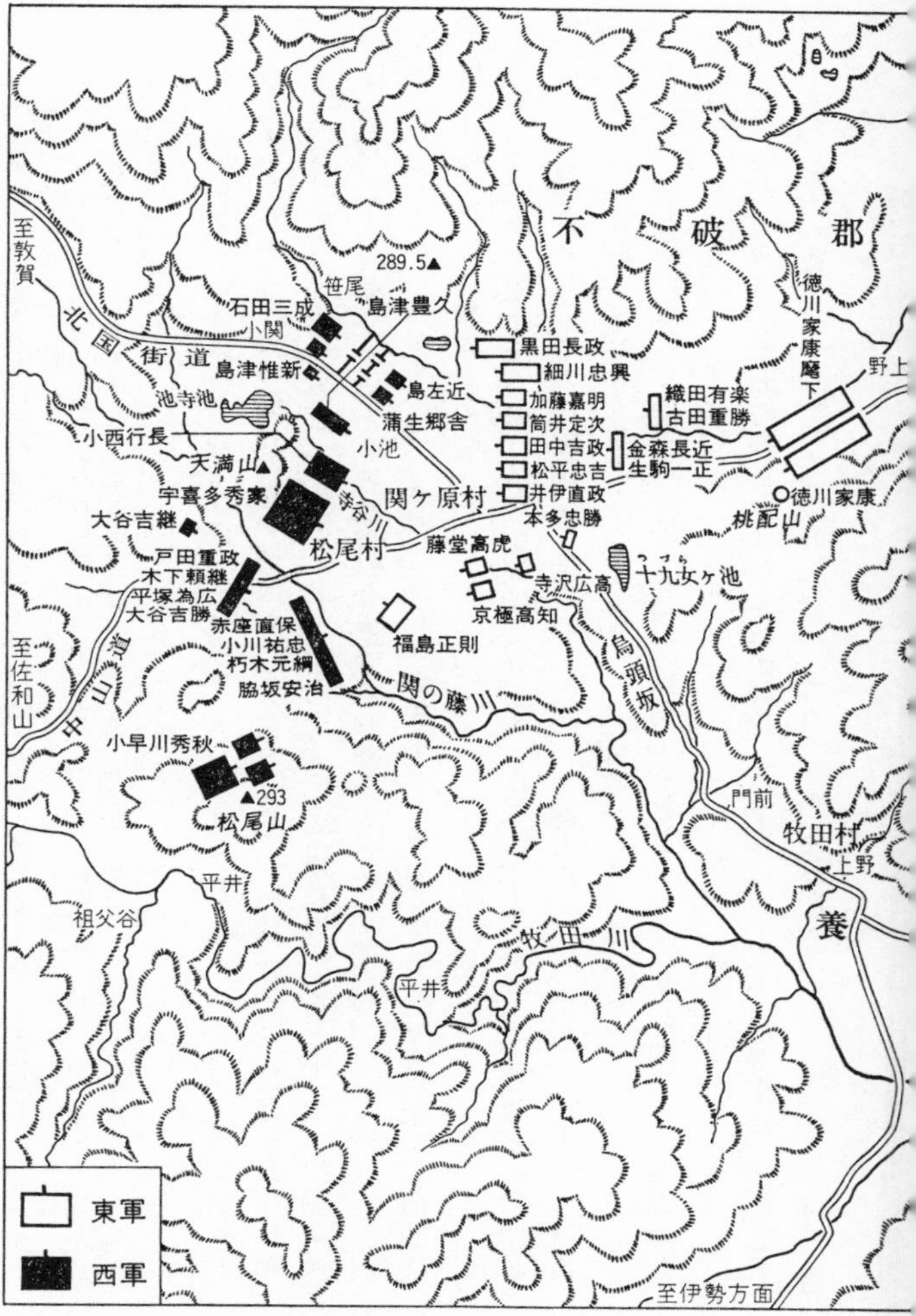

不破郡
至敦賀
北国街道
289.5
笹尾
石田三成
島津豊久
小関
島津惟新
島左近
池寺池
蒲生郷舎
小西行長
小池
天満山
宇喜多秀家
寺谷川
関ケ原村
大谷吉継
松尾村
戸田重政
木下頼継
平塚為広
大谷吉勝
赤座直保
小川祐忠
朽木元綱
脇坂安治
関の藤川
黒田長政
細川忠興
加藤嘉明
筒井定次
田中吉政
松平忠吉
井伊直政
本多忠勝
藤堂高虎
寺沢広高
京極高知
福島正則
織田有楽
古田重勝
金森長近
生駒一正
徳川家康麾下
野上
徳川家康
桃配山
十九女ヶ池
烏頭坂
至佐和山
中山道
小早川秀秋
293
松尾山
平井
祖父谷
牧田川
門前
牧田村
上野
養
至伊勢方面
東軍
西軍

（前ページ）慶長五年九月十五日午前八時　戦闘開始直前の両軍配置　参謀本部『日本戦史関原役』（明治二十六年）原図。兵力比が図上の符号の大きさでわかるようになっている。ほとんどの書物がこの図に基づいて図示するが、南宮山の毛利軍・吉川軍の位置だけは諸書不一致である。おそらく南宮神社の背後、南へ連なる山塊全体を南宮山と当時よんでいたにもかかわらず、参謀本部五万分の一図が四一九メートル三角点のある山頂に南宮山と命名したことが混乱のもとである。

には、数十あるいは数百の兵をひきつれて東軍として従軍してきた「小身の輩（ともがら）」といわれる諸士たちが、多数の混合部隊を構成して本多忠勝や井伊直政の指揮下に置かれていた。

このほかにも、遊軍として、寺沢広高（二千四百人）、金森長近（千百四十人）、生駒一正（千八百三十人）をはじめとする諸将が、適宜の判断をもって守備についている。

これら一番から三番までは、やがて到着するであろう家康の陣所となる桃配山の前面に位置する平坦地に布陣したわけである。

そして家康の麾下三万余は桃配山周辺に陣取り、家康は山頂に登って軍旗と大馬印を高々と揚げさせた。この桃配山は、壬申の乱の時、大海人皇子（天武天皇）が野上の行宮（あんぐう）からここに出陣して諸軍を励まし、桃を配ったと伝えられている。

以上が関ヶ原における西軍の主力との対決にあてられたもので、その総兵力はおよそ七万五千。

このほか、南宮山方面の押さえとして池田輝政（四千五百六十人）、浅野幸長（六千五百十人）、山内一豊（二千五十八人）、有馬豊氏（九百人）らの兵が相対した。南宮山に陣する毛利一族らは、吉川広家を通じて内応の密約が交わされていたが、万一の場合に備えたのである。また大垣城の押さえとして堀尾忠氏（五千百人）、中村一栄（四千三百五十人）、水野勝成（九百人）、西尾光教（六百人）、松下重綱（三百六十人）、一柳直盛（千五十人）らの兵があてられた。ここにはわずか数十人の従者のみを引き連れて到着したばかりの津軽為信も加わっていた。この南宮山および大垣方面の守備に向けられた兵力は、合わせて二万六千ほどであった。

東軍最後尾の家康本隊が関ヶ原に到着したのは、たぶん、午前六時頃のことと思われる。彼ら東軍の兵士たちは、行軍の途中に浴びた泥水のために身体じゅう泥まみれであったが、どの顔も生気にあふれていたにちがいない。同じ関ヶ原に布陣している西軍の兵士たちが、ずぶ濡れの衣服や具足を脱ぐこともできずに、歯をくいしばって寒さをこらえていたのにくらべれば、いま到着したばかりの東軍の兵士は、足軽の顔さえ紅潮し、いかにもたくましそうにみえたであろう。

それから約二時間余、東西両軍は相対したまま時をおくる。薄の穂ならぬ槍の穂先が、びっしりと立ち並び、関ヶ原一帯は殺気におおわれていた。

客将の策士

来たるべき激烈な死闘をまぢかに控え、東軍諸将の顔も、緊張のために引きつっていた

であろう。が、その中で、

――してやったり！

と、ひとりおのれの行為を自賛しながら、満足げな面持をしている男がいた。黒田長政である。

黒田長政が、約五千四百の兵を率いて、竹中重門とともに陣取った場所は、現在丸山狼烟（のろし）場と呼ばれている小山である。東軍が戦機熟するを見て、開戦の狼烟を上げたところである。ここに登ると、正面東南には養老山、東に南宮山、西南に松尾山が望まれ、眼下には関ヶ原町や決戦場が見渡せる。決戦場は、いまはユニチカの工場や学校、まばらな住宅のほかは、ほとんどが田圃となっている。が、関ヶ原宝蔵寺住職の谷口玉泉氏の言によれば、明治の中頃以前ではこの地の田圃は今の十分の一程度であり、大方は雑草の生い茂る荒野であったという。

のちのことだが、長政は元和九年（一六二三）八月、その死去の二日前に、黒田の家老に宛て、後事を託する遺書を認（したた）めている。その遺書の全編をおおっているのは、関ヶ原の戦いにおける自分と、その父如水との功績である。長政にいわせれば、

――黒田家が筑前一国五十二万石の大名になったのは、関ヶ原における手柄によるものであるが、徳川家が関ヶ原によって天下の主となることができたのもまた黒田父子の力によるもの。

であるという。

長政の父如水は、かつて秀吉の腹心の一人であったが、その勝れた才覚が、かえって秀吉に恐れられ、豊前中津十二万石にとどめられていたという、いわくつきの人物である。その父に比べれば、長政は地味で平凡な感じがする。しかし関ヶ原における活躍ぶりは、長政自身が生涯の誇りにするのも当然といえるほどの輝きをみせている。

秀吉死後、黒田父子はいちはやく家康に心を寄せ、関ヶ原合戦には長政が徳川軍に従い、隠居の如水は、大友義統（よしむね）をはじめとする九州地方における石田方の勢力を一掃する戦功をあげたのみならず、父子ともども東軍裏方の策士として活躍している。

これよりさき、長政は福島正則、細川忠興らの諸将とともに東軍の先発隊として東海道を攻めのぼり、八月二十二日の竹ヶ鼻城攻落や、翌二十三日の岐阜攻城戦における河渡（ごうど）（合渡）川の戦いで勇戦し、さらに進んで赤坂の高地を占領するなど、数々の戦功をあらわした。井伊直政が八月二十五日付で黒田如水に送った書状の中にも「甲斐守殿（長政）御自身の御手柄、中々紙面には申し入れられず候。御満足おぼしめさるべく候」と記されているほどである。長政の働きぶりはよほど目ざましかったのであろう。

長政は有能な家臣にめぐまれていた。のちに大坂の陣で活躍する浪人後藤又兵衛基次（もとつぐ）は、関ヶ原合戦の際には黒田家臣として終始長政の側近で勇名を轟かせていた。

また長政の旗奉行毛屋主水（けやもんど）も、家康を喜ばせて長政の点数をかせいでいた。それは家康の岡山出陣の直前のことである。馳せ帰って来た物見の報告では、関ヶ原における西軍の兵力は八万または十万と推定された。その時、長政の家臣の毛屋主水は、

――敵は二万にも過ぎ候はじ。

といった。これを聞いた家康は怪しみ、詰問したところ、主水は、

――仰せの通り敵の全兵力は十万を下らぬが、山上の兵は平地の戦闘に参加すること難きのみならず、両軍の勝負を計りて、己が身に懸けて軍に志している兵は幾程もいない。石田・小西らが頼み切ったる者ども、かれこれ合わせて二万ばかりに過ぎまい。一陣が敗北すれば、他は戦わずして敗れるでござろう。

と答えた。すると家康は、この主水の敵の内通を知っての上での判断に、すっかり感心し、手ずから饅頭を与えたのであった。

だが、長政の関ヶ原における手柄といえば、やはり策士としてのそれである。関ヶ原での家康の勝利は、西軍の主力であった毛利一族の小早川秀秋の裏切りと、吉川広家の静観にあったといわれるが、その両者の舞台裏工作を行なったのが、ほかならぬ長政であったのである。

すなわち長政は、かねてから秀秋や広家と親しかった関係を利用して、毛利軍の封じ込め作戦を買って出、毛利の行く末を案ずる広家に対しては、

――毛利輝元の行動は、安国寺恵瓊らの画策であることを徳川殿も了解しておられ、軍

勢を動かさなければ、輝元の無罪と毛利の領国とを保障する。

　という条件で密約を取りつけ、また秀秋に対しては、

　――これまでの敵対行為は水に流し、戦勝後は二ヵ国が与えられる。

　という条件を伝えて、秀秋に裏切りを約束させたのであった。

　この長政の働きが功を奏し、関ヶ原合戦当日における、秀秋と広家との背反行為が生み出されるのである。

　長政と秀秋・広家らとの交渉の経過については、現存する長政の文書によって、詳細にうかがわれる。長政は、早くも七月の中旬頃からこの二人と書面による交渉を重ね、この関ヶ原合戦当日には、すでに確かな手応えをつかんでいたのであった。

　ところで、この関ヶ原における長政の活躍ぶりに対して、野心家の父如水は、彼の天下取りの夢を破ったとして嘆息した、などと記している史書もあるが、これは少しうがちすぎた見方であろう。長政の見せた寝業師ぶりも、ひとえに黒田の家名の存続を思ってのことであり、それはまた父如水の願うところでもあったろう。

午前七時

嵐の前の静けさ

――先駆は徳川直臣で（井伊直政）

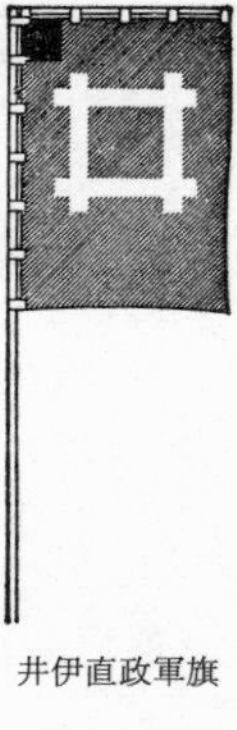
井伊直政軍旗

関ケ原合戦の兵器

午前七時頃、雨はほとんどあがっていた。霧は依然として消えなかったが、それでもいくぶん視界が広がってきたようである。板坂卜斎は「十五日、小雨降り、山間なれば霧深くして五十間先は見へず。霧あがれば、百間も百五十間先もわづかに見ゆるかと思へば、そのまま霧下がりて、敵のはた少し計り見ゆる事もあるかと思へば、そのまま見へず。家康公御馬立てさせられ候所と治部少輔（石田三成）・小西摂津守（行長）・備前中納言殿（宇喜多秀家）・大谷刑部少輔（吉継）陣場とはその間一里計りなり」と記している。

桃配山の家康の本陣からも、時折、霧の合間を通して、石田・小西・宇喜多・大谷らの、西軍の陣地にひるがえる旌旗（せいき）がのぞかれたのである。家康の本陣から、それらの陣地まで、その距離はおよそ四キロほどであった。

関ヶ原に布陣した東西両軍の陣形をみるとそのほとんどは、まず鉄砲隊を最前列に並べ、ついで槍隊がこれに続いて配備され、騎馬武者はその後方に控えている。ここで、少しこの期の戦場における武器・武具について述べておこう。

中世の戦争では、騎馬武者どうしの個人戦法が中心であり、武器も弓矢が主要な武器であった。しかし、室町末期に、鉄砲という新兵器が、種子島に渡来すると、それがたちまち日本全土に普及し、戦国大名の戦術にも、いちじるしい影響をあたえてきた。戦いの隊形が、個人戦法から集団戦法にかわり、その主力が足軽の徒歩隊となった。しかも、その第一線は鉄砲隊、第二線が長柄の槍隊、ということになり、弓はすでに主力武器からは後退し、鉄砲の玉込めの間のつなぎに使用されたようである。

火縄銃に詳しい所荘吉氏によれば、当時の種子島銃は、六匁玉（二二・五グラム）を使用した口径一八・七ミリ、銃長一メートル前後のもので、鉛弾の有効射程は二百メートル、人体必中射程百メートル、そして弾薬の装填には約二十〜二十五秒を要したとされる。そこでまず、第一線の鉄砲隊の一斉射撃で、敵勢のひるむところを、鉄砲隊の間から第二線の槍隊が、長柄の槍を振るって突撃し、敵の死命を制する、といった戦法になってきている。

槍は、騎馬隊の武士が持つものを持槍（もちやり）といって比較的短いが、足軽のは長柄といってずっと長い。持槍は二メートル半、長柄は五メートルぐらいであった。歩兵の足軽が槍衾（やりぶすま）

を作って、ただひたすらに突き出していくのである。

戦国期の戦場においては、刀はそれほど主要な武器とはされていなかったようである。最も一般的に用いられたのは槍であった。鉄を素材とした当時の堅牢な甲冑に対しては、槍が最も効果的な武器となる。戦国時代に「槍一筋」とか「一番槍」「七本槍」などといった言葉がみられるのも、こうした槍の流行の反映である。刀の長さも、江戸時代では「定寸（じょうすん）」といわれる刃渡り二尺四寸前後のものが普通であったが、重装備で激突する戦国期の戦闘では、四尺を越える大太刀に長い束をつけて用いることが多かった。

なお、鉄砲は弾丸（鉛・銅・鉄）の重さが最大でも十匁玉、最小は一匁玉である。城壁や柵・門などを破壊するために二百匁、三百匁という玉を飛ばす銃もあった。これを石火矢・大鉄砲・抱大筒などといい、筒の重さは十五キロから二十キロほどもあった。関ヶ原合戦の際、西軍が大津城や丹後田辺城を攻めた時には三百匁玉を使用した。また関ヶ原の本戦でも石田軍が大砲五挺を運搬して柵内からこれを発砲したといわれる。

両軍の兵士たちが身につけている衣服や甲冑は、夜来の雨に浸（ひた）ってはいたが、いずれも意匠をこらしたみごとなものが多かった。

この時代の甲冑は、中世の武将たちが着用した、華麗な威（おどし）を用いた大鎧（おおよろい）とは異なり、いわゆる当世具足（とうせいぐそく）と称される様式である。これは元来は歩卒が使用した腹巻・胴丸などを改良したものである。

腹巻や胴丸自体も、戦国時代になると、実戦体験にもとづいて工夫が加えられている。腹巻・胴丸ともに、札とよぶ革または鉄の小片を横に連ねて漆を塗り、これを組糸や革緒などで綴って仕上げたものであったから、弓矢には対抗できたが、鉄砲や、槍の激突による白兵戦には防禦効果が薄かった。そこで堅牢なものに改良が施された。槍溜りとならぬように小札板を一枚の鉄や革の板にしたり、左わきに一ヵ所蝶番をつけて、前後を合わせた二枚胴が流行し、革や組糸のかわりに鋲でとじたり、西欧の鎧を利用した南蛮胴さえ現われた。

しかし、堅牢さに重きをおくと、いきおい大鎧のような華麗さが失われ、地味になった。そこで武将たちは、人目をひくために意匠をこらした。中でも特異なのは鳩胸胴や、裸形を打ち出した仁王胴、下腹部がふくらんだ布袋胴など、いわゆる南蛮胴とよばれたものの奇抜な形である。家康がこの関ヶ原合戦に使用したものなどは、兜・胴・胸当ともに南蛮鉄製で、兜は椎の実形で五枚綴、胴は鳩胸形で前後二枚より成っている。兜と頬当・籠手などの付属品は日本製であるが、胸当と胴は西洋の鎧をそのまま利用している。

兜も奇抜な形のものが目につく。中でも黒田長政の一ノ谷、細川忠興の山鳥の尾の兜に銀の天衝を立物としたものなどは、それぞれ彼ら自慢の逸物であるだけに、ひときわみごとなものであった。

霧が動き、視界が広がるにつれ、西軍の布陣の模様が、はっきりとうかがわれるようになってきた。四キロ四方ほどの狭い盆地に、東西両軍合わせて約十五万余の兵が集結したのであるから、関ヶ原一帯は、どこもかしこも、両軍の兵士の軍旗や指物・馬印などでうずめつくされていたにちがいない。

軍旗は源平のむかしから用いられたが、指物と馬印は戦国時代の末に現われたものである。

指物は差物・背旗ともいい、戦陣の際、具足の背後の指筒にさし込んで用いた。材質は紙・布・革・竹など軽便なもので、その形は、幅二尺（約六十センチ）と長さ三尺の割合にしてつくった四半（しはん）といわれる長方形の旗や、丸い輪に数条の長い布の一端をとじつけて竿にとりつけ、輪のなかを風が吹き抜けるようにした吹貫（ふきぬき）、また鯨骨や竹で籠のように仕立てて布でおおい、風をはらませる保呂（ほろ）（母衣）のほかにも、御幣や団扇・傘・提灯など、各人の好みにまかせてつくり、家紋や姓名・神仏の名号、動植物や器物などの図様をつけ、ときには数名が同じものを用いて合印（あいじるし）（合標）とすることもあった。

馬印は馬験・馬標とも記す。総大将の本陣に立てるものを大馬印、配下の武将の用いるものを小馬印と称し、ともに従士の馬印持ちに立たせて進軍した。桃配山の家康本陣に立てられている大馬印は金の七本骨の扇に、朱をもって日輪を描き、その元に銀の切割（きりわり）（革を切り割き、銀漆を塗ったもの）を付けたものである。そしてその前には総白（そうじろ）の旗二十本を立て、また家康の傍には大四半の白布に「厭離穢土欣求浄土（おんりえどごんぐじょうど）」の八字を書いた旗を立てていた。

　このほか東西両軍の主だった武将の軍旗や馬印をいくつか紹介すると、福島正則は白地に紺の山道（山形を横に二つ三つ連ねた形）の軍旗。宇喜多秀家は赤地吹貫の大馬印と、紺地に兒の字の紋を描いた軍旗。石田三成は白地に黒で大一・大万・大吉と書いた四半（長方形）の軍旗。小西行長は白地に日の丸の旗。小早川秀秋は金の馬簾（革などを細長く裁ち、纏のような形にしたもの）の指物。島津軍は白地に黒十文字の紋を付けた旗を掲げ、惟新の本陣には熊の皮一本杉の大馬印が立てられた。また家康の使番（つかいばん）（伝令将校）は、黒の四半に金で「五」の字を記した指物を用いていた。

　これら軍旗・指物・馬印などは、戦陣に際して自己の存在を明示するための標識であり、敵に武威を示すとともに、自分たちをも奮い立たせ、戦国時代の戦闘には欠かすことのできない、重要な戦具であった。

　なお、関ヶ原合戦絵などをよくみると、両軍の兵士が、戦場で敵味方の区別をつけるために合印をつけているのがわかる。旗差物や紙子の陣羽織、襷（たすき）を同じにしたり、太刀・脇差に印をつけたり、背に字を書いたりした。東軍は左の肩に角取紙（すみとり）を付けた。また島津軍はみな削り掛（木を削って鞭のように造ったもの）を腰にさし、刀の鞘に蛭巻（ひるまき）（蛭の巻きつくように螺旋状に巻いたもの）をしたといわれる。

　合印をつけていても、戦闘中に取れたり、夜や濃霧の際には役立たないこともある。そこで戦いの前に合詞（あいことば）を定めておくのが普通である。関ヶ原における東軍の合詞は「山が山」「麾（さい）が麾」であった。西軍全体の合詞があったか否かについてはわからないが、島津軍の合詞は「ダイガダイ」と定めていた。

徳川直臣の面目

東西両軍対峙（たいじ）の最先端、東軍の左翼は福島正則隊、右翼は黒田長政隊、その中間に細川・加藤・田中・筒井らの兵が布陣していたが、ここにいつしか、具足から旗・差物・陣羽織まですべて赤一色に染めた集団が加わっていた。「井伊の赤備え」と称された、井伊直政の率いる三千六百余の兵であった。

直政は、酒井忠次・本多忠勝・榊原康政とともに、徳川四天王の一人に数えられていた人物である。この中の酒井忠次は、すでに慶長元年十月に没していたが、直政ら三人はまさに三本の柱となってその後の家康を支えてきた。

関ヶ原合戦では、榊原康政は秀忠付として東山道軍に加わったため、関ヶ原の決戦には参加していないが、井伊直政と本多忠勝は東海道を上る先発隊の軍監として活躍し、また家康が尾張清洲に着いた九月十一日以降は、家康の近臣としてつねに東軍陣営の中枢にあった。

家康の井伊直政に対する信頼はあつく、江戸から岐阜在陣の外様の諸将に宛た書状でも

「井伊兵部少輔指し遣はし候条、行（てだて）の儀、我々出馬以前は、何様にも彼の指図次第に仰せ談ぜられ候はば本望たるべく候」といっていたほどである。また関ヶ原合戦前後の時期、直政・忠勝の名で出された誓書や書状が多いが、とりわけ直政のものが多く、家康側近としての直政の地位の高さを物語っている。

　関ヶ原合戦に際して、東軍の先鋒は福島正則と定められていたが、直政はこの決定に対して不満を抱き、ひそかに先駆の機会を狙っていたのであった。

　直政が家康に仕えたのは天正三年（一五七五）であるから、徳川家臣の中では新参譜代であった。しかし歴戦の功によって家康の抜擢を受け、重用されたのである。そして武田家滅亡後、武田家旧臣の多くが直政に預けられ、とくに武田二十四将の一人として武名の高かった山県昌景の「赤備え」を配下に継承したため、直政はその後の戦功も抜群の輝きをみせた。常に徳川軍の先鋒役をつとめ、小田原陣後には、上野国箕輪十二万石を与えられ、譜代直臣のトップにのしあがったのであった。

　この関ヶ原には、直政は家康の四男・松平下野守忠吉の後見役を命ぜられて同道していたが、この若い家康の御曹子ともども、先駆のチャンスをうかがっていたのである。

「関ヶ原記」の記すところによれば、小山軍議の直後のこと、井伊直政は本多忠勝とともに、家康に対して、

　――上方衆ばかりにて敵に打ち勝ち候えば、天下分け目の一戦が上方勢の鋒先にて勝利

を得たといって、以来、上方の大名が広言を吐くでござろう。

――是非とも両人が馳せ向かい、味方の上方勢に加わり、勝負を決すべし。

と進言したという。

表面的にはどうあれ、関ヶ原合戦の実質は豊臣と徳川の対決である。

――この大決戦の火ぶたを切る先駆は、何としても徳川直臣でなければならぬ。

これが、譜代筆頭の地位にある直政の面目でもあったのだ。

井伊の赤備えの先頭の一角四、五十名ほどが動き出したのは、八時少し前であった。選りすぐりの武者数十騎を従えた直政が、忠吉と轡（くつわ）を並べて、先鋒の福島軍の方向に、ゆっくりと近づいていった。

午前八時

戦闘開始

——敵には後続の兵なし（福島正則）

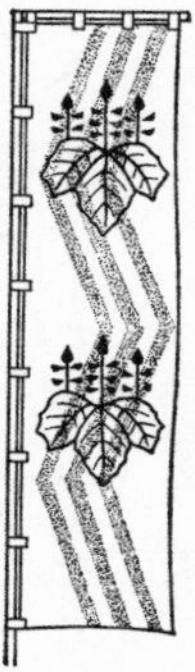

福島正則軍旗

両軍合戦の火ぶたを切る

赤備えの一団は、福島正則隊の脇を通過し、そのままさらに前進しようとした。その時、

——今日の先鋒は左衛門大夫（福島正則）なり。誰殿にもあれ、先へは通すべからず。

と、驚いて声を発したのは、福島隊の先頭部隊長である可児(かに)才蔵であった。

この男の前歴は、斎藤龍興、柴田勝家、明智光秀、織田信孝、豊臣秀次、前田利家など転々と主君を変えた浪人者であるが、その豪勇ぶりを愛した正則が、七百五十石の禄を与えて召し抱えたのである。関ケ原でも敵の首級十七をあげ、首取りでは東軍第一の手柄を立てている。しかも才蔵は、切り首の口（一説に鼻の孔と耳の底）に笹の葉を含ませて、その戦功の証拠としたため、これを実検した家康から、「笹才蔵」の綽名(あだな)を与えられて、その武勇を称賛されたというエピソードの持ち主である。

——井伊直政でござる。下野公（松平忠吉）とともにみずから物見中なり。下野公は御初陣たるゆえ、先隊へ往きて敵合の激しき形勢、戦の始まるを見物ありて、後学になし給わんと望むもの。合戦を始むべきにはあらず。

と直政は応答しながらなおも前進した。

この時の直政と忠吉の行動については、福島の陣頭に進み、さらに道を右に転じて加藤嘉明と筒井定次の陣の間を通過し、西軍島津惟新の先隊に発砲したとする『当代記』『慶元記』の説、また福島の陣を馳せ抜けて、そのまま前方の宇喜多隊に向かって発砲したとする『家忠日記増補』『藩翰譜』の説など、諸書によって異説も多い。が、この直政と忠吉が福島隊を通過した直後に戦闘の火ぶたが切られたことだけは事実のようである。その時刻は『関ヶ原始末記』に「辰の刻より合戦始て」とあるから、午前八時頃であった。

黒田長政の陣所である丸山から狼煙が上げられ、東軍に攻撃の合図がなされた。これとほぼ時を同じくして石田三成の笹尾山、小西行長の天満山にも狼煙が上がった。『落穂集』には「辰の時頃より霧薄く罷りなり、御一戦始まり候節は、敵味方の旗幟も見え分り候」とあるから、この時刻には霧が薄くなり、視界も広がっていた。立ちのぼる狼煙を合図に、東西両軍はいっせいに起った。

戦闘を目撃した太田牛一の記述によれば、「敵身方押合、鉄砲放ち矢さけびの声、天を響かし、地を動かし、黒煙り立ち、日中も暗夜と成り、敵も身方も入り合ひ、錣をかたむけ、干戈を抜き持ち、おつつまくりつ攻め戦ふ。切つ先より火炎をふらし、日本国二つに分て爰を詮度と生便敷戦ひ、数ヶ度の働きこの節なり」という凄まじいありさまであった。また、『徳川実紀』は「敵味方廿万に近き大軍、関原青野ヶ原に陣取て旗の手東西に翻へり、汗馬南北に馳せちがひ、かけつかへしつ、ほこさきより炎を出してたたかひし」と記している。

両軍の戦闘経過については、不明な点が多い。「関ヶ原軍記」には、先陣の福島・細川・黒田・井伊・本多らは「道筋を西向に各一同に憧と懸られたり」、道より南は藤堂・京極等が「西向」に攻めかかったとし、また『関ヶ原始末記』も、「西向に馳かゝり」とか「道より南へ打てかゝる」といったように漠然とした記載しかなされていないが、『関原軍記大成』『石田軍記』『関原御合戦当日記』等の軍記物には、多少具体的な記述がみられるので、これらをもとにして、『関原合戦図志』『日本戦史』等を参照しながら、その模様をうかがってみよう。

まずは、互いに対峙し合っていた正面同士の戦いにはじまった。福島隊は宇喜多隊に攻撃を開始、宇喜多隊もこれに応戦。藤堂・京極の二隊は大谷隊と激突。寺沢広高隊もこれに合流。松平忠吉、井伊直政、本多忠勝隊は、島津の陣に向かって前進。織田有楽・長孝父子、古田重勝、猪子一時、佐久間安政・勝之兄弟、および船越景直の七隊は小西めざして突撃。そして黒田、田中、細川、加藤、筒井、竹中の諸隊は、石田隊と激烈な死闘を開始。『徳川実紀』に、かかる大戦は「前代未聞のことにて諸手打込の軍なれば、作法次第といふことなく、我がちにかかり敵を切崩したる」と記しているように、西軍のみならず東軍も必ずしも統一がとれているわけではなかったから、それぞれ思い思いの敵をみつけて戦ったのである。

それから間もなくのこと、桃配山の家康の本陣に、石川伊豆守貞政が討ち取ったという西軍将士の首が届けられた。家康はこれを実検して今日の一番首と定めた。

憎悪に燃える猛将

一番鉄砲の功名を井伊直政に横取りされ、先鋒のめんつを傷つけられた福島正則は、一瞬逆上したが、いまは手柄を争っている時ではなかった。正則もみずから八百名の銃卒を指揮して中山道の左に進み、宇喜多隊に一斉射撃を浴びせた。

福島正則は、天正十一年（一五八三）四月の賤ヶ岳の戦いに、一番槍・一番首の働きがあったため、後世、賤ヶ岳七本槍の随一と称せられ、勇猛果敢な豪将として知られている。桶屋（おけや）の倅であったが、縁故を頼って秀吉にとり立てられ、尾張清洲二十四万石の大名に出世した男である。

正則が、秀吉恩顧の大名でありながら、東軍に加わったのは、彼の養子の正之が、家康の養女を娶（めと）っていたという、徳川との姻戚関係にあったことにもよるが、最大の理由は石

西軍陣所へ押し寄せる東軍兵（『関ヶ原合戦国屏風』左隻部分）

田三成に対する激しい憎悪からである。すなわち、慶長三年（一五九八）八月、秀吉が死ぬと、それまで抑えられていた武将派と奉行派とのあいだの軋轢があらわになった。武将派の主だったものは、福島正則・加藤清正・黒田長政・細川忠興・藤堂高虎・浅野幸長らで、どれもみな、太閤秀吉子飼いの武人である。彼らはみな、秀吉に仕えて忠節を尽くし、戦功をもって一国一城の大名にとりたてられたのである。しかし、奉行派といわれる石田三成や小西行長らに対して、根づよい反感をもっていたばかりに、三成の敵対者である家康のほうに好感をよせていた。なお、この武将派と奉行派の対立については、尾張派と近江派、北政所派と淀殿派との対立という言葉をもって説明されることもある。すなわちそれは、秀吉子飼いの福島正則、加藤清正らの尾張出身者は、北政所（ねね）と親しい関係にあり、これに対して石田三成、長束正家、増田長盛ら近江出身の奉行は、滅ぼされた近江の大名浅井氏の血を引く淀殿（茶々）と深い結びつきがあったというのである。むろん福島正則をはじめとする武将派も、秀吉の忘れ形見の秀頼には敬意を表していたが、三成らが取り入っていた秀頼の生母淀殿に対しては、三成に対するそれと同様の反感を抱いていたようである。

いずれにせよ、家康はこのような豊臣家内部における両派の微妙な対立の調停役を買って、人望を高めながら、ちゃくちゃくと自己の勢力を扶植したのであった。

正則は一徹者であっただけに、

——石田憎し！

の一念も、人一倍つよかった。

会津征伐のために東下の途中、三成挙兵の報を受けた家康が、下野小山で諸将を集めて軍議を開いた時も、秀吉恩顧の諸大名の沈黙する中に、正則は、

——大坂に兵が起こったというが、秀頼様はいまだ若年。これは三成のたくらみに相違

ない。大坂に残してきた妻子が人質にされることを恐れて、義を踏み違えてはならぬ。この正則は家康公に御味方つかまつる。と、進み出たので、その場に参席していた諸大名もみな、この意見に賛成したのであるという。

そして正則は、清洲城に蓄えてあった米三十万石を東軍の兵糧米として提供することを申し出、さらに先鋒となって西上し、八月、美濃に入って竹ヶ鼻、瑞龍寺、岐阜の諸城をおとし入れ、この関ヶ原でも先鋒を買って出たのであった。

しかし、正則の東軍参加は、あくまでも三成誅殺に執念を燃やしたのであって、他の諸将のような、家康への追従（ついしょう）からではなかったようである。だからこの関ヶ原合戦の時にも、岐阜城を攻落した際、東軍の諸将は城主織田秀信に切腹を要求したが、正則がこれに反対したため、秀信の高野山追放が決定された。とか、また、毛利輝元や島津惟新の処罰についても、戦後の軍法会議の席上で、正則は弁護のための熱弁をふるった。とかいった逸話が伝えられている。

関ヶ原戦後の行賞で、正則は安芸・備後二ヵ国で約五十万石という破格の大封を受けている。しかし新たに与えられた芸・備の地は毛利氏からの没収地であり、しかも防・長二国に削られて徳川氏に深い怨みを抱いている毛利と境を接している。つまりは毛利氏の押さえとして利用されたわけだ。

家康も、正則の東軍参加が、石田に対する遺恨によるものであり、自分に対する忠誠ではないことを見抜いていたであろう。

家康が江戸から東海道先発隊の諸将に送った手紙の中で、正則宛のものは最も多い十二通にのぼり、清洲城二十四万石のほかに、尾張一国中の無管主の空地をすべて与えることを約束しているのも、正則の去就を気にかけていたからである。正則の心事について心配した家康が、黒田長政から、正則が三成と犬猿の仲であり、三成に協力するはずがないことを説かれて、ようやく安心したという話もあるくらいだ。

家康は最後まで正則を警戒していた。だから正則は、関ヶ原戦後、徳川氏の監視を受けて大坂城の秀頼から意図的に遠ざけられ、ついには改易という末路をたどらされてしまうのである。

しかし、正則は戦場の勇者である。関ヶ原で戦う正則の姿には、後年にとりつかれたような憂いの翳(かげり)はまったくみられない。

——退くな！　退くな！　敵には後続の兵なし。恐れるな！

さすがは千軍万馬の間を往来した猛将、その采配ぶりは、いかにも雄々しかった。「先鋒崩れけるを、甚だ怒つて馬を乗廻し、今日先鋒にありながら、臆病を現す輩(ともがら)、返せ〳〵と下知せらる」、これは『関原軍記大成』が記す正則の勇姿である。

午前九時

狙われる石田隊

――一命を捧げまつる（島左近）

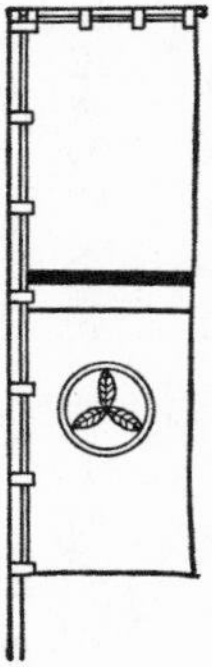

島左近軍旗

石田隊奮戦

開戦から一時間。午前九時頃である。銃声は間断なく響きわたり、喊声（かんせい）は地を轟かしている。東西両軍の勝敗の形勢は、いまだ決しがたい。各所で凄（すさま）じい死闘が展開されている。中でも、最も苦闘をしいられているのは、石田隊であった。西軍の事実上の指揮官である三成は、東軍諸将の攻撃目標にされるのは当然。まさしく狙い撃ちの集中攻撃を受けていた。

北国街道を押さえるため、笹尾山周辺にあった石田隊六千余は、正面に竹矢来（やらい）の柵を二重に囲らし、兵を三手に分け、島左近と蒲生郷舎（さといえ）の指揮する二隊を、それぞれ矢来の前面と中間に配し、三成自身は山頂にいた。この三成の陣所笹尾山と、その正面に鋒先を向けている東軍の黒田隊の陣所丸山までの距離は、約一キロほどである。

『関原軍記大成』の記述を中心として、この石田隊の奮戦ぶりを記すと、開戦と同時に黒田長政、加藤嘉明、田中吉政、細川忠興らを主とする東軍が石田隊に向かって兵を進めた。そしてまず、青塚に備えを立てた島左近と、黒田隊との間で激しい銃撃戦が行なわれた。ついで三成の下知によって討って出た先手の兵と、田中、金森、竹中らの諸隊が激突。石田隊が田中勢らを二、三百メートルほど追い立てる。そこに加藤、細川、黒田隊の兵が喰いつく。細川忠興も三人の子息とともに「自身太刀討」して勇戦。黒田家臣の後藤又兵衛は、石田家臣で黒糸縅しの鎧に十文字の槍を馬上で振るう大橋掃部（かもん）と槍を合わせてその首を取る。といったように両軍の間で激しい白兵戦が展開されていた。

黒田長政は、この日、三成討取りを計画して、あらかじめ精鋭の士十五名を選抜し、その、おのおの率いる歩卒を合わせて一隊を編成し、岩手山の麓に沿い、小栗毛の磧（かわら）から石田の本陣へ斬り込ませる手筈をととのえていた。そしてこの黒田の別働隊は、開戦と同時に石田の前衛隊の側面めがけて突入していった。

いっぽう、石田方の前衛隊長は、島左近勝猛である。左近は部下を二分し、一部を柵前にとどめて守備を固め、他の一部をみずから率いて、黒田隊の中央をめざして前進していった。

これをみた黒田の部将菅六之助は、すかさず配下の鉄砲隊を引率して小丘に駆け登り、高所から島隊の左側面を狙って銃弾を乱射した。

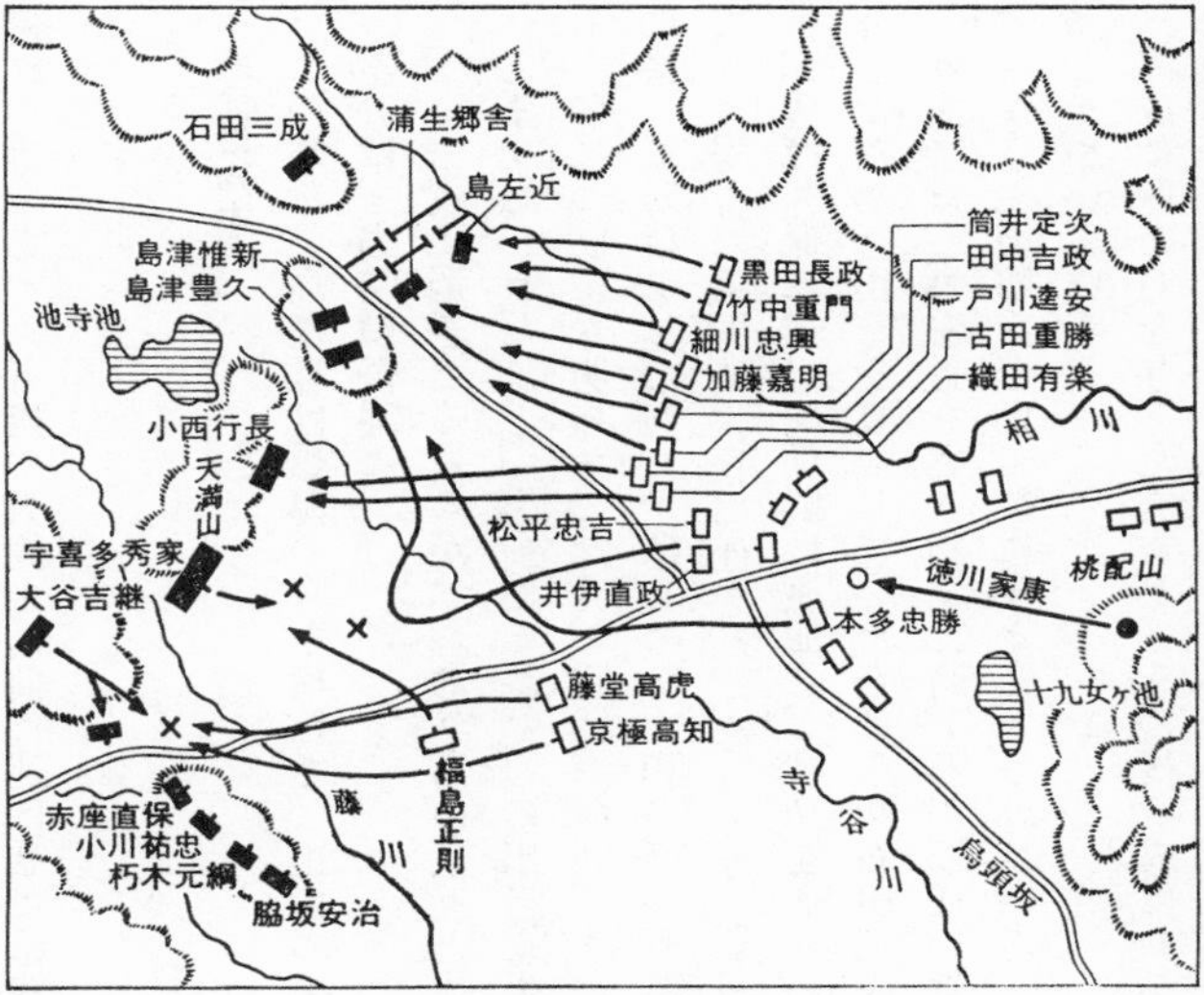

午前９～10時　一進一退 ▷８時前後，松平忠吉は小部隊を率いて西進し福島正則の前衛部隊と接触，さらに進んで宇喜多隊前衛の明石全登隊と銃撃戦を開始する．▷徳川家康は近習をつれて本多忠勝の陣まで状況をみるために前進する．▷加藤嘉明・田中吉政らの隊は最初，宇喜多の兵と対戦，のちに北に転じて石田を攻めたともいわれる．▶大谷吉継は兵の一部を松尾山の小早川に対して伏せ，戦闘に参加させない．＊この図以下，符号は兵力比を表わしてはいない．

不意を討たれた島隊は、バタバタと倒され、たちまち混乱した。そこへさらに生駒一正・戸川逵安の率いる新手の鉄砲隊が加わったからたまらない。島隊のほとんどは朱に染まって倒れ伏し、左近も被弾してのけぞり、従兵の肩にかつがれて退却。やっとの思いで守備に残った一部隊と合流し、柵内に退いたのであった。折しも三成が本陣に備えつけてあった五挺の大筒を柵前に運ばせて砲撃を加えたため、寄せ手の攻勢も一時弱まった。

恩愛に殉ず

この時刻、島左近は重傷の身を横たえ、止血の手当を受けていたであろう。

左近は、当時の俗謡に、

——三成に過ぎたるものが二つあり島の左近と佐和山の城

とまで詠われたほどの男であるが、その出自も生年も、ともにはっきりしない人物である。名についても明らかでなく、勝猛、清興、また昌仲と記す書もあるが、ここでは通説に従って勝猛としておく。はじめは大和の筒井順慶に仕えていたが、順慶の死後筒井家を去り、秀吉の弟羽柴秀長に仕えた。そして文禄元年（一五九二）の朝鮮侵略には、秀長の世嗣豊臣秀保（ひでやす）に従って朝鮮に渡海し、戦功をあらわした。しかし、同四年四月、秀保が病死したため、出家を覚悟していたところを石田三成に招かれたのであった。

巷説では、島左近を召し抱えた時、石田三成は近江水口で四万石の知行であったが、その中から二万石をさいて彼に与えたとされている。そしておまけに次のようなエピソードまでがついている。

三成に四万石を与えた秀吉が、その後三成に向かって、家臣をどれほど召し抱えたかを

問うと、三成は、

――島左近一人を呼び出し候。

と答えた。すると秀吉は、

――それは世に聞こゆる者なり。汝がもとに小禄にてどうして奉公するのか。

といって訝った。そこで三成は、

――禄の半分をわかち二万石与え候。

と答えた。これを聞いた秀吉は、

――君臣の禄が同じという事は昔からも聞いたためしがない。何ともその志がなくては、よもや汝には仕えまい。

といって深く感心し、左近を呼び出して手ずから羽織を与え、三成への忠誠をうながしたという。

これは『常山紀談』に載せられている三成の左近召し抱えに関する逸話である。もっとも、この逸話は史家の間ではその事実を否定する人が多い。それは、もし左近が、羽柴秀保が死去した文禄四年以後に三成に仕官したとすれば、その頃三成はすでに近江佐和山二十万石余の大名にあったからだ。だからこの話も、いわゆる名将伝説に属するものといえよう。

だが、こうした話が作られる背景には、三成が有能な士に対して破格の優遇を与え、それが当時の人々を驚嘆させるような事実があったのであろう。左近とともに、三成のいま一人の股肱（ここう）である蒲生郷舎も、主家の減封によって手放された浪人であったが、三成はこれに一万五千石の高禄を与えていたのである。

さて、左近は、三成から受けた殊遇に感激し、股肱の臣となって忠誠をつくした。関ヶ原合戦における彼の心境も、

――主君の重恩に対し、一命を捧げたてまつる。

左近には、主と仰ぐ三成の怒りや苦しみの感情は、そのまま、みずからのそれとして受けとめることができたのであろう。まさに三成の無二の忠臣であった。

重傷の身をおして、左近は立ち上がった。黒田長政・細川忠興・加藤嘉明・田中吉政・戸川逵安・生駒一正らの諸隊が、先を競い合うように、なだれをうって三成の本隊へ向かって突き進んでいったからである。

三成も陣頭に立って奮戦し、先頭切って突入してきた田中吉政隊を迎え撃って、これを百メートルほども追い込んだ。しかし間もなく左右に廻った細川隊と加藤隊の挟撃にあうと、たちまち劣勢となり、ずるずると後退を余儀なくされていった。

よろめきながら血槍を振りまわしていた島左近の姿も、怒濤のように押し寄せる東軍の中に、みえなくなっていった。

その後の左近の消息については、銃に撃たれて死去したとする『関原軍記大成』、『落穂

炎上する西軍陣所（『関ヶ原合戦図屏風』左隻部分）

集』の説、あるいは行方不明とする太田牛一の「関ヶ原軍記」の説、また、西国へ落ちのびたとする『古今武家盛衰記』の説など、さまざまであり、確かなことはわからない。

しかし、関ヶ原合戦における島左近の勇猛ぶりは、のちのちまでも語種とされたようである。『常山紀談』にはこんな話を載せている。それは、黒田長政が家臣らと関ヶ原の思い出を語り合った際のことである。家臣の一人が、

――石田が士大将、鬼神をも欺くという島左近のその日の有様、今もなおお目の前にあるようである。

といったが、さらに左近の物具（武具・具足）のことをいい出して口をすぼめた。その座にいた者もみなはっきりしていなかったので、家中にいる旧石田家浪人出身の士を呼び寄せて問うと、

――左近、冑の立物、朱の天衝、溜塗の革胴の鎧に、木綿浅黄の陣羽織を着たりし。

と語った。これを聞いた人々は驚き、

――近々と詰寄せたるに見覚えざる事、よくうろたえたるよ。口惜しき事なり。

といいあった。さらにその中でもとりわけ剛の者といわれた男が、

――見違えたるは我ながら恥ずかし。左近が率いていたのは皆すぐれたる勇士、七十ばかりは柵ぎわに残し、三十ばかりを左右に立てて、麾を取って下知したる有様、つくづくと思い出す。三十人ばかりの兵ども、槍の合うべき際にさっと引き取り、味方がばら〳〵

と追い駆けるを近くまで引き寄せ、七十余人の者ども、えい〳〵声をあげて突きかかり、手の下に追い崩して残りなく討ち取った。今に思えば誠に身の毛も立ちて汗が出る。このように酒を汲みかわして心安き朋友（ほうゆう）と物語するとは大きにちがう。人々大方は目の魂（たましい）を失い申した。もしその時わが方が相手の横合より鉄砲にて打ちすくめずば、我らが首は左近が槍にさし貫（つらぬ）かれたであろう。

と語ったというのである。

午前十時

一進一退の攻防

——今こそ恩義に報いねば（宇喜多秀家）

宇喜多秀家軍旗

激闘宇喜多対福島

午前十時、戦況は依然として、一進一退の情況である。石田の盟友大谷吉継は、藤堂高虎、京極高知らの兵をひきつけて奮戦。小西行長は、織田有楽、寺沢広高らの諸隊と凄じい白兵戦を展開。中でも双方の旗幟（きし）が入り乱れ、押しつ押されつの激闘を繰り返していたのは、宇喜多秀家隊と、福島正則隊との攻防戦である。

さきほどまでは、鉄砲隊による銃撃戦が続けられていたが、いまは両軍ともに白兵戦に移り変わっている。

福島正則は、銀の芭蕉葉の大馬印を押し立て、みずから陣頭に進んで六千余の兵を指揮し、五段に構える一万七千の宇喜多隊にあたっている。福島家臣の福島丹波、同伯者、長尾隼人等が関（とき）の声をあげて突撃、丹波の従者の団九郎兵衛は、甲冑も着けずに戦って、一番に敵の首級を取った（一説に一番首は仙石但馬という）。この福島隊の中には、大野治長も従軍し、槍を振るっていた。これよりさき、治長は、家康暗殺計画の容疑で下総結城に追放されていたが、関ヶ原合戦の直前に釈放され、東軍として参加していたのであった。

いっぽう宇喜多隊は、本多正重、明石全登（ぜんとう）、長船吉兵衛、宇喜多太郎左衛門、延原土佐らの指揮する各隊が、槍衾（やりぶすま）を作って、遮二無二突き進むと、福島勢はじりじりと後退。福島正則の叱咤（しった）激励によって態勢を立て直した福島勢が、反撃に転じると、宇喜多隊が逆に押しもどされる。

このような攻防戦が二、三度も繰り返された。『関原軍記大成』には「此の時、秀家卿の太鼓の丸の旗と、正則の山道の旗を退く事、二、三度に及びたりとかや」と記している。そして、いちじは福島勢が五百メートルほども後退させられ、二、三十人の死者を出すほど押されていたが、いまはふたたび初めの位置を回復している。

なお、この宇喜多隊の中のどこかに、のちに剣客として名高くなる宮本武蔵が、また福島隊の中には豪傑塙（ばん）団右衛門がいたはずである。

青年大名の野心

宇喜多秀家は、秀吉と血のつながりはないが、かつて、秀吉の養子となったこともあり、秀吉の晩年には、五大老の一人に加えられていた人物である。

秀家は備前国の豪族宇喜多直家の子で、八郎と称していた。天正九年（一五八一）父直家の死後、秀吉に養われた。直家が末期にのぞみ、遺言でわが子の将来を秀吉に託したといわれている。

秀家は秀吉にたいそう可愛がられた。その妻は、秀吉が養女としていた前田利家の娘の豪姫（ごう）。秀家という名前も、秀吉の一字を授けられたものであった。

この関ヶ原合戦で秀家は、

——西軍の副総帥

という名目を与えられて参戦している。

秀家が石田三成らの家康打倒計画に、積極的に加担をしたのは、

天満山の攻防（『関ヶ原合戦図屛風』左隻部分）

——故太閤殿下の恩義を忘れ、秀頼様に背くことは人臣のとるべき道ではない。それがしが幼にして父を失った時も、太閤は父の遺言を容れて、我が子のように可愛がってくれた。今こそその恩義に報いねば。

という気持があったからであろう。現に、東軍への味方を勧めてきた細川忠興にも、秀家はこのように答えていたのであった。

太閤秀吉から、格別の恩情を受けた秀家としては、もっともな考えといえる。しかしいまひとつには、当年二十八歳であった秀家の心の奥底にひそんでいた野心が、彼にこのような道を選ばせたのかもしれない。

秀吉という巨星が堕ちた後、豊臣恩顧の諸大名はさまざまな去就を示している。五大老家の行動さえ、まちまちである。

上杉景勝などは、遠国にあったのをさいわいにして、中央における政局の動揺のチャンスを狙い、密かに、謙信以来の越後の旧領回復を企てた。それが家康に見咎められて、会津征伐を受けたのだ。景勝は三成と呼応して家康打倒をはかったなどと説く史書もあるが、景勝にはもとよりそんな意地も度胸もない。下野小山から引き返して西上する家康を追撃するでもなく、家康に味方をした最上義光・伊達政宗らの兵と戦ったが、三成敗亡の報に接したとたんに、なりふりも構わずに降服し、家康に謝罪した体たらくである。

加・越・能百二十万石余の大封を領し、徳川に次ぐ高い地位・格式にあった前田家では、利家はすでにこの世を去っていたが、嗣子の利長は、家康の権勢を恐れて、その母芳春院をみずから人質に提出し、関ヶ原合戦でも、西軍に味方をした丹羽長重の加賀小松城や、大谷吉継の留守城越前敦賀城を攻めて、家康に忠誠ぶりを示した。

これに対して、家康に敵対して西軍に加担したのが毛利・宇喜多の両家である。ただし、毛利の場合は、一族内部の意見が統一されておらず、当主輝元自身も、天下の形勢を的確に観望できず、まごまごしている間に、西軍の総帥にまつりあげられてしまったらしいのである。

この輝元に較べれば、宇喜多秀家には主体性があったといえる。三成の挙兵計画にもすぐさま応じ、七月十九日から開始された伏見城攻めには、西軍の主力として参加していたのである。

秀家は、家康との戦いに、おのれの将来を賭けていたようにも思われる。

——もしこの一戦に勝てば、西軍の盟主の一人として、自分の将来は栄光に満ちたものになる。

と、判断したのであろう。だが、これは秀吉の殊遇に浴し、苦労知らずのまま出世してしまった二十八歳の青年の、甘い判断であった。この時の秀家にはやがて見舞われる流刑のことなど、まったく思いも及ばぬことであった。秀家は戦後八丈島に流され、明暦元年（一六五五）十一月、八十三歳で病死するまで、およそ五十年余にわたる流人生活をしいられるのである。

秀家も、決して無能な男ではなかった。四国征伐や九州征伐、文禄慶長の役にも従軍して戦功を挙げている。とりわけ、文禄の役では、若冠二十歳にして、外征軍の総帥をつとめたという輝かしい経歴もあった。

しかしそれも所詮は、彼に目をかけてくれる秀吉あってのものであった。秀吉が死ぬと家臣の統率さえも乱れている。いまこの関ケ原の戦場で東軍として戦っている戸川逵安などは、かつては宇喜多家臣であったのだ。また、一族の宇喜多成正も、前年十月に秀家と

仲違いして以来家康のもとに走り、いまも東軍に加わっていた。この成正は、のちに姓を

坂崎と改めた。後年、本多忠刻（ただとき）に嫁せんとする千姫を奪おうとして自殺を命ぜられたとい

う坂崎出羽守その人である。従軍している宇喜多隊の中で、秀家が最も頼りにしていた家

臣は、いま目前で福島隊と苦闘を続けている明石全登であった。

この時刻、さきほどまで桃配山の本営にいた徳川家康の姿がみえなくなっていた。勝敗の行方がなかなか予測できない情況に苛立ったのであろうか。みずから、関ヶ原駅の東口一キロメートルほどのところ、現在陣場野といわれているあたりまで馬を進めていた。出陣に際しては、勝利への自信を示していた家康であったが、激闘を目の前にして、やはり家康の心も乱れていた。陣場野への移動前のことである。板坂卜斎の言によれば、野々村四郎右衛門という近習が、馬を家康の馬に乗り掛けて接触した。すると立腹した家康は刀を抜き払った。驚いた野々村が身をかわして逃げたため、刀は空を切ったが、怒りのおさまらぬ家康は、傍にいた門奈長三郎という小姓の指物を筒の際より切り落としたという。まったくの八つ当たりである。ここにも家康の心の苛立ちがうかがわれよう。

誰しも戦場における心理状態は異常である。戦国乱世とはいえ、群がる敵を薙ぎ倒して平然と大立ち回りを演ずるような豪傑は稀で、むしろ例外に属するであろう。死への恐れ、闘うことへの恐怖で、その心は震えおののいていたのが普通であろう。家康にしてからが、三方ヶ原合戦の時には、恐怖のあまり糞を漏らした経験があったのである。

なお、この家康の移動にともなって、遠藤、小出らの諸隊も前進し、南宮山方面の警備にあたっていた軍勢の一部である山内、有馬、蜂須賀らの諸隊も、関ヶ原の主戦場に向かった模様である。南宮山の毛利一族の向背に対する懸念が薄らいだからであった。

午前十一時

総攻撃の狼煙

――動くことまかりならぬ（吉川広家）

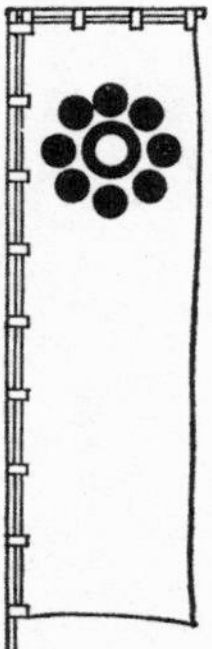

吉川広家軍旗

西軍陣営の明暗

福島隊と、押しつ押されつの攻防を続けていた西軍宇喜多隊の付近で、数百の銃声の響きとともに、ひときわ激しい喊声がおこった。寺沢広高隊が宇喜多攻撃に加わったのだ。

遊軍の寺沢隊は、最初大谷隊にぶつかり、ついで小西行長隊と戦っていたが、小西隊の一斉銃射に圧倒されて敗退。そこでまた相手を変えて、福島隊と四つに組んでいる宇喜多隊の側面を狙って攻撃をしかけたのである。

この宇喜多隊のあたりにおこった銃声と喊声を聞いた大谷吉継は、

――友軍危し

と直感し、関の藤川（藤古川）を越えて、宇喜多隊の方向に前進していった。

これに対して、藤堂・京極・織田等の東軍諸隊は、

――そうはさせじ
とばかりに大谷隊の行く手を阻み、戦闘はさらに激しさを加えた。

東西両軍の戦闘は、もうすでに蜿蜒と、三時間余も続けられている。

しかし、八万数千といわれる西軍であるのに、いま実際の戦闘を行なっているのは、石田、大谷、宇喜多、小西の各隊、合わせて三万五千程度。他は、あたかも形勢を観望しているかのように、鳴りをひそめている。なんとも不思議なことである。

さて、目を石田三成隊の方に転じると、ここは相変わらずの猛攻撃を受けている。細川、加藤、黒田、田中らの諸隊に銃弾の雨を浴びせられ、柵内に追いつめられた恰好である。

三成は窮地を打開するために、石田隊の隣りに布陣する島津隊の応援を求めようと、家臣の八十島助左衛門を急使として遣わした。

ところが、間もなく八十島が青ざめた表情で戻って来た。

――馬上からの口上、無礼千万！

という理由で、追い帰されたというのである。

そこで三成は、今度は自身で島津の陣地に馬を馳せ、前衛部隊の島津豊久に参戦を促した。が、やはり島津の助力は得られなかった。豊久は、

――今日の戦いは、各隊がそれぞれ各個の戦いに全力をつくすのみ。前後左右の隊の戦いを顧みている暇はない。

と冷たく突っ放したのである。

三成は、しいて請願することはやめ、唇を嚙みしめて立ち去った。

島津が頼みにならぬことを知った三成は、おのれの陣地に戻ると、すぐさま狼煙の用意を命じた。松尾山の小早川秀秋と、南宮山の毛利秀元・吉川広家らが、狼煙を合図として総攻撃に加わるという手筈になっていたからである。

いま、関ヶ原における両軍の勝敗は、ほぼ互角の状況である。戦闘に参加している兵力は東軍の方が優っているが、西軍諸隊の勇戦によって、まさにガップリ四つに組みあっている有様である。もしこの際に、松尾山の小早川秀秋の率いる一万五千六百余の兵が大谷隊に合流すれば強力となり、さらに、南宮山の毛利・吉川が、安国寺恵瓊、長束正家、長宗我部盛親らとともに、総勢二万八千余の兵を動かして東軍の側背を衝けば、西軍が大攻勢に転じられることは間違いない。

対立する広家と恵瓊

霧もようやく晴れ始めた関ヶ原の西方の空に、三成が上げさせた狼煙の煙が立ちのぼった。

——すわ、狼煙ぞ！

——出陣の采配を！

と、どよめく周囲に対して、

——動くことまかりならぬ。毛利殿の兵にも道を開けるな！

と、思いつめた表情でこれを制したのは、吉川広家であった。

吉川広家は、元春の子、つまり元就の孫にあたる人物である。

かつて吉川・小早川の両家は、吉川元春、小早川隆景の存命中は、彼らの甥にあたる毛利輝元を補佐して、「毛利の両川（りょうせん）」といわれたものである。しかし、元春、隆景はすでにこの世になく、しかも小早川家には、毛利氏とはまったく血縁のない、秀吉の縁者の秀秋が養子に入っていた当時、吉川広家は、毛利氏一族の大黒柱的存在にあった。

広家は、当主輝元が、安国寺恵瓊にそそのかされて大坂城に入り、西軍の総帥にまつりあげられてしまったことに不安を抱き、密かに、黒田如水・長政父子を通じて、家康への取り成しを依頼していたのである。

そもそも、広家は最初から毛利氏一族の西軍加担には反対であった。

話はまたさかのぼる。広家は、家康からの会津遠征の出兵要請に応えるため、七月六日出雲富田の居城を出馬した。しかし同十三日播磨路において、安国寺恵瓊が派遣した使者の出迎えを受けたので、翌十四日に大坂へ着陣した。

ところが、いっぽうの安国寺恵瓊は、すでに七月十二日に、近江佐和山城で、石田三成、増田長盛、大谷吉継らと密議し、毛利輝元のかつぎ出しを策していた。そして同日付で、長束正家、増田長盛、前田玄以の三奉行が連署して、輝元に大坂入城を要請する書状が発せられていた。のみならず、恵瓊は、自分が東下をやめて大坂に帰ったのは、輝元に呼びもどされたからであると触れ廻っていたのであった。

広家と恵瓊とは、かねてより折り合いが悪かった。恵瓊は、滅亡した安芸の名族武田氏の末裔といわれている。はじめは京都東福寺の僧であったが、のちに毛利氏の領国である安芸安国寺の住職となり、みずからも安国寺と称した。そしてさらには東福寺二百二十四世住持にまでのぼった僧侶である。

しかし世間には、そうした禅僧としての恵瓊よりも、毛利氏の使僧として活躍し、また秀吉に重用されて伊予六万石の大名に出世した敏腕の外交僧としての恵瓊のほうがよく知られている。

恵瓊が西軍に味方したのは、石田三成や増田長盛などの奉行たちと昵懇の間柄にあったからである。これに対して広家のほうは、黒田長政や福島正則のような武将たちと親しい関係にあった。だからこの毛利氏内部における広家と恵瓊の対立は、いわゆる豊臣家における武将派と奉行派の対立の一環としてみることもできよう。

大坂に着いた七月十四日の夜、広家は恵瓊と激論を交わした。その模様について、『関原軍記大成』は次のように記している。

——今度内府（家康）が会津へ発向されたことは不法である。景勝殿に国替え仰せ出さ

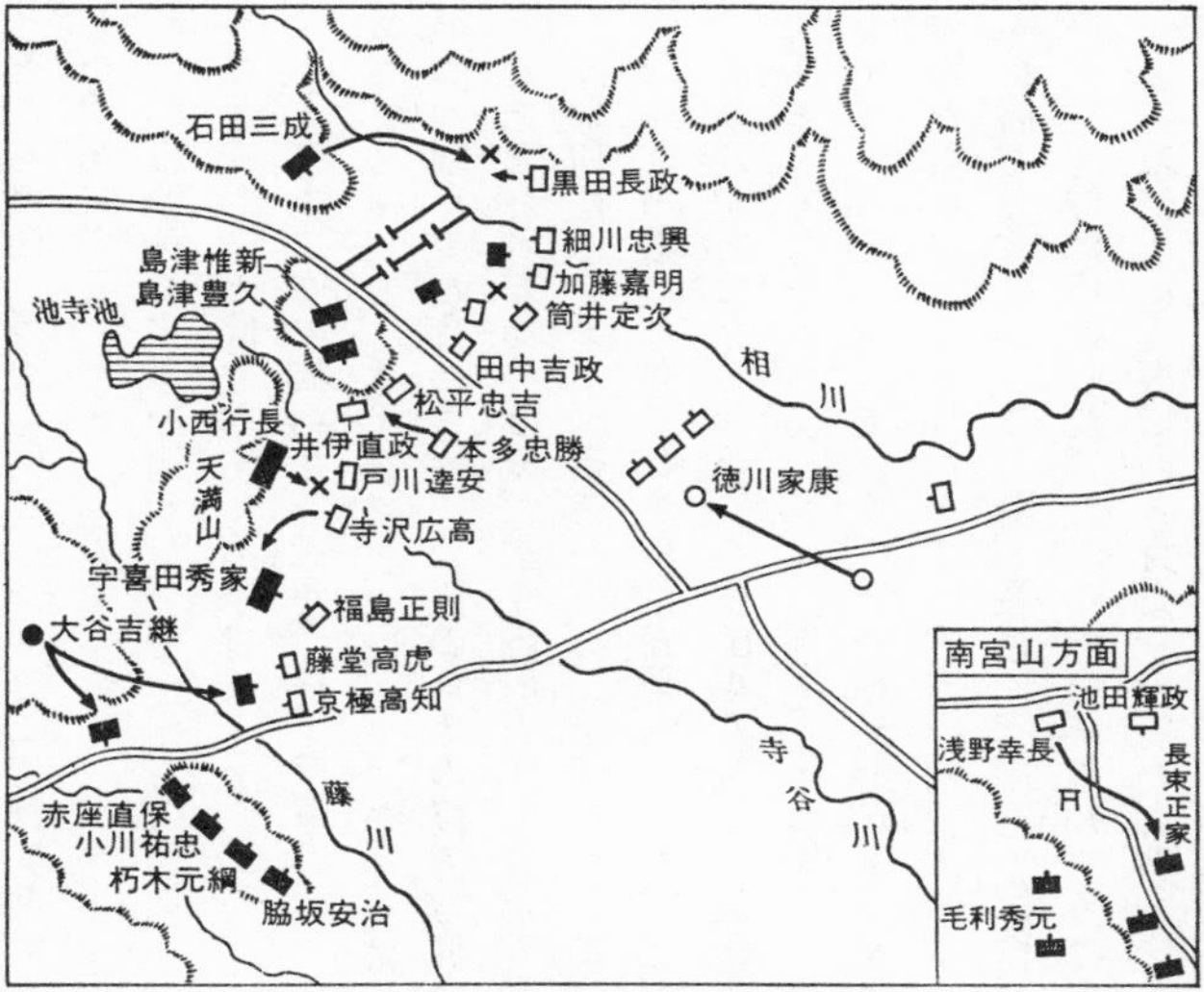

午前11時　毛利・島津動かず　▷徳川家康，本営を関ヶ原中央部に進出させる．▷寺沢隊，小西の隊に押されて南方の宇喜多隊方面へ反転する．▶大谷吉継，藤川を越えて進出する．▶石田三成，側面へまわった黒田の鉄砲隊へ牽制行動．▶島津隊，自陣への攻撃に反撃はするが，他隊と協力しない．▶石田三成，狼煙をあげるが南宮山の毛利軍は動かない．▷南宮山方面，浅野幸長と長束正家隊の間で小戦闘．

れ、三年の間は在国して国務をとるべしと仰せ付けられし上は、景勝に越度なし。この旨を皆で相談して、内府の御出馬を止めたけれども承引なく、関東へ出馬せられた。かように邪悪なる政道にては、諸大名は安心できない。秀頼公の御ためにも末々が思いやられる。これによって、石田治部、大谷刑部らがあいはかり、会津が堅固なる内に、上方にて弓矢を起こすべきを相定めたところ増田、長束も同意した。そこで輝元卿にも、片時も早く御上りあるように申し達した次第である。

と、恵瓊がまず口を切った。

これをじっと聞きおえた広家は、

——日本二つの御弓矢（戦争）は、我等などの了簡ではおよび難い。貴僧も御分別が肝要である。但し、太閤御在世の時、五奉行そのほかの輩を召され、起請文を交わしておのおの固く申し合わさせ、公儀のための協力を仰せられた。しかし、幾程なく戦乱のきざしがあらわれ、そのうえ、去年内府と四大老、五奉行が不和になった時も、輝元卿と内府とは御和睦ありて、御兄弟の契約を結ばれた。また思えば、先年尾張小牧の一戦の時、内府は三、四箇国の領主ながら、五畿内、中国、北国の諸大名を配下にした太閤を相手に戦ってひけをとらなかった。今は関東八箇国の大領主、しかも内府に心を寄せる大名は多数である。そもそも日頼（元就）様が天下を望んではならぬ、と連々遺戒されていた事を父の元春から聞かされている。万一輝元卿が天下を手にしても、権力を振るうのは石田らの奉行たちである。そうなっては内府へ帰服するよりもなお聞こえが悪い。また何よりも西軍に勝ち目はない。この際、長老（安国寺）の御思案が大切である。

と、恵瓊に反論した。むろん恵瓊が承知するはずがない。

——ただちに大坂城西ノ丸より内府の御留守居を追い出し、毛利の人数を入れるべし。

と、語気を強めた。広家もいよいよ同意せず、

――輝元の下知を聞かずにそのようなことはできぬ。

とやり返した。すると恵瓊は、

――輝元卿も内々この旨を御承知であり、大坂木津の屋敷に福原式部、堅田兵部らをしばらく残し置かれたのも、かかる御意からである。

というと、広家は、

――そのようなことは聞いておらぬ！

と、つっぱねた。恵瓊は顔色を変えて、

――貴殿がさようなお考えとあってはこの戦は成り立たぬ。そうなれば拙僧が腹を切らねばならぬ。

といった。広家はいっこうに驚きの色をみせず、

――たとい貴方が自殺をしようが、輝元の身の上には替え難い。

と啖呵を切った。

二人は互いに主張を譲らず、議論はもの別れに終わった。そこで広家は、輝元の上坂を思いとどまらせるために、椙杜元縁を広島に派遣するとともに、同十四日付で自筆の手紙を認めて家康側近の榊原康政に送り、

――石田、大谷らの企てを聞いて驚き入った次第。ことに安国寺が輝元より呼び帰され

たなどとはまったくの偽り、輝元のあずかり知らぬこと。さっそく広島に申し遣わす所存。貴殿には追々申し上げますので、なにとぞこの旨をお含みおき下さいますように。

と、輝元が石田、大谷らの企てに無関係であることを切々と訴えたのである。なお、前日の十三日にも、大坂の毛利邸留守居の三老臣が、この広家の手紙とほぼ同内容の書簡を、榊原康政、本多正信、永井直勝らに送っていた。

だが、この中の広島に向かった榻杜元縁は間もなく引き返してきた。それは、広島を立って大坂へ向かう輝元の船と、海上で行き違いになったからであるという。広家は安国寺恵瓊の策す強行路線に一歩おくれを取り、輝元の上坂を抑えることができなかったのであった。

苦悩する広家

前田玄以、増田長盛、長束正家ら三奉行連署の書状を受け取った毛利輝元は、すぐさま大坂入城の決意をかため、七月十五日、肥後隈本（熊本）の加藤清正に、三奉行からの書状を添えて、上坂をすすめる親書を送り、みずからは広島を船出して瀬戸内海を航し、十六日夜大坂に着き木津の私邸に入った。そして翌十七日には、三奉行らに迎えられて大坂城に赴き、家康の留守居佐野綱正を追い出して西ノ丸に居を定めた。この行動は、輝元が西軍の事実上の盟主となったことを意味するものであった。

その十七日は、「内府ちかひ（違）の条々」、すなわち家康の罪悪を弾劾する十三ヵ条の条書が発表された日であるが、輝元は、この時宇喜多秀家と連署した副書（そえがき）を認め、前田、増田、長束の三奉行連署になるいま一通の副書とともに十三ヵ条の条書に添えて諸大名に公布した。

そして西軍が挙兵するや、輝元は豊臣秀頼に代わって、総大将として軍令を発し、諸将の指揮をとったのであった。

ところで、輝元が西軍盟主の役割を、なぜかくも容易に引き受けてしまったのかは明らかでない。輝元と家康とは、慶長四年閏三月二十一日付で、互いに誓書を交換し、家康は「貴殿に対しては表裏別心なく、兄弟の如く申し承（うけたま）はるべく候」といい、また輝元は「父兄の思いを成し、貴意を得（う）べく候」といって親交を誓い合っていた。さきの吉川広家と安国寺恵瓊との激論の中で、広家が、去年、内府と四大老、五奉行が不和になった時も、輝元と家康とは和睦して兄弟の契約を結んだといっていたのは、この時の誓詞の交換をさしている。

むろん権謀がさかんであった戦国乱世に交わされた誓詞などは、まったくの外交辞令にすぎないものであろう。が、輝元と家康の関係自体には、別段、敵対し合わなければならないほどせっぱつまった事情はみあたらない。

輝元が、家康を敵にまわして西軍の総帥となった理由の一つには、故太閤秀吉の遺志を尊重して、幼君豊臣秀頼を擁護しようという気持がはたらいたことが考えられる。輝元が家康に与えた、かの誓詞の中でも「今度天下の儀、各々申し分御座候ところ、我等こと、秀頼様の御儀、疎意に存ぜざるの旨、申し入るの通り」という文言がみえる。つまり天下の政治については自分にも申し分があるが、秀頼に対しては疎略にする心はない、といっていた輝元であった。

　しかし、輝元西軍加担の最大の理由は、やはり謀僧安国寺恵瓊のおだてにのり、安易に引き受けてしまったことにあろう。苦労知らずの三代目の甘い判断であったといえよう。

　さて、毛利の西軍加担を押しとどめようとした広家の努力も、輝元の大坂入城によって水泡に帰した。しかし、広家は、その後も密かに東軍陣営との接触を保つことにつとめた。広家は、かねてから親交のあった黒田如水・長政父子をパイプとして家康に接近することを考え、家臣服部治兵衛、藤岡市蔵の二人に長政宛の密書を持たせ、黒田家臣の西山吉蔵の同伴を得て大坂を立たせた。藤岡市蔵の覚書によれば、服部、藤岡の両名は、伊勢の御師に変装し、密書を脚半の紐に縫い込めて携行し、東海道の小田原と大磯の間で、長政と面会し、広家の密書を手渡したという。長政はその手紙を、さっそく江戸の家康のもとに届けさせた。

　家康は長政から回送されてきた広家の密書に接すると、八月八日付で、長政に宛て次のような返書を与えた。

――吉川殿（広家）よりの書状をつぶさに拝見した。釈明のおもむきは一々了解した。輝元とは兄弟のように申し合わせていたのに、この度大坂城に入ったことを不審に思っていたが、輝元が関知していないことがわかって満足した。

と、その喜びを伝えている。

そこで黒田長政は、八月十七日付の手紙を書き、広家の使者の服部治兵衛に持たせて大坂に帰した。その文面は、

――御内意の通り、内府（家康）に申し上げたところ、拙者へ御手紙を下されたので、使者にお見せした。本書は手前共の方に留めておくが、今度のことは、輝元のあずかり知らぬことで、安国寺一人の才覚によるものと、内府も了解せられている。この上は、輝元へこの旨を申し聞かせ、内府と親密になされることが大切。こちらの事は万事拙者がととのえるが、東軍が勝利したあとではそれもできかねるから、油断なく分別されたい。なお詳しいことは使者に申し添えてあるので、よくよくお聞き下されたい。

というものであった。

長政からの書状を手にした広家は、ひとまず安堵の思いをしたであろうが、問題はその後の対策にある。しかも、長政が、東軍勝利のあとではできかねるといっているように、何としても決戦の前にしかるべき手をうたなければならないのである。なお広家は、この長政からの書状と相前後して、黒田如水からもたらされた八月一日付と、同四日付の書状

を手にしていた。如水も、長政と同様に、広家に対して東軍への内応と、深重な行動の必要とを忠告していたのであった。

しかし、広家も、東軍への内通を、すぐさま行動にあらわすことはできなかった。その事実が明らかにされれば、たちどころにしてわが身に危険がおよぶからである。

そこで広家は、東軍に心を寄せながらも、ひとまずは西軍の部将としての行動をとることにした。すなわち、八月五日、広家は毛利秀元（毛利輝元の養子）とともに伊勢に出陣し、安濃津城攻撃に参加した。この安濃津攻城戦における広家の活躍はめざましかったとみえ、八月二十六日付で増田長盛から「御手柄の段、その隠れなき候」と感賞されたほどであった。安濃津における広家の奮戦は東軍内通の疑惑を解くためのゼスチュアであったのだろう。安濃津落城後、広家は石田三成の要請を受けて、毛利秀元とともに美濃に兵を向け、九月七日、南宮山に布陣したのであった。

ところが、この安濃津における広家の行動は、黒田長政をいたく心配させたらしい。長政が赤坂で認（したた）めた八月二十五日付の書状が広家のもとに届けられてきた。そこには、

——先書にも申した通り、毛利家が存続できるように、御分別なされよ。確かな御返答をお待ちしている。なお、内府は早くも駿河府中まで出馬されたということである。

と書かれていた。家康がすでに駿河まで西上したなどとは、嘘もはなはだしい。家康の江戸出立は九月一日のことである。しかしこれも長政の広家に対する一種の懸念のあらわ

れであり、広家に決断を促すための心理的効果をねらったものと思われる。

いっぽう、この長政からの最後通牒にもひとしい書状に接した広家は、意を決して毛利秀元の本陣に赴き、東軍への内応を説得することにした。事態はいまや一刻の猶予も許されないのである。

むろん秀元が簡単にこれを聞き入れるはずはない。

――御幼君秀頼公を見放し申すのみならず輝元卿の下知もなくして、勝手に降参することは思いも寄らぬ。

と、秀元は即座につっぱねた。しかし、広家は引きさがらなかった。

――太閤の御恩を受けた大名小名の多くが内府の先手となって、美濃の地へ攻め来たるは必定。西方の敗北は目にみえている。片時も早く内通し、毛利の家を保ち、輝元卿の危機を救うことが親孝行というものでござろう。さいわいにして、黒田長政からも内府への味方を勧めてきている。

と、熱弁をふるった。その時、同席していた毛利家の老臣福原広俊も、広家の意見に賛成して、ともに秀元を諫めたので、東軍打倒を主張する秀元の心も揺れた。

その後もしばらく問答が続けられたが、広家は、

――とにかくも、それがしにお任せ下され。

といって席を立った。そして毛利家老臣の粟屋彦右衛門の嫡子と、同じく福原広俊の弟

の二人を人質に出すことを定め、家臣の三浦伝右衛門成義を使者として、二人の人質と、毛利の戦闘不参加を誓う吉川広家と福原広俊の書状を持たせて赤坂の黒田長政の陣所に送った。九月十四日、すなわち関ヶ原決戦前日の午後のことであった。

いっぽう、この吉川広家からの使者に接した黒田長政は、福島正則と相談して、使者三浦成義を本営に伴って井伊直政、本多忠勝に引き合わせ、さらに家康にも報告した。そして直政と忠勝、長政と正則は、それぞれ連署の起請文を吉川広家、福原広俊に送った。この二通の起請文の内容はほぼ同一で、次のようなものであった。

一、輝元に対して、聊か以て、内府（家康）御如在あるまじき事。

一、御両人別して内府に対せられ、御忠節の上は、以来内府も御如在存ぜられまじく候事。

一、御忠節相究め候はば、内府直の墨付、輝元へ取り候て、進むべきの事。

付、御分国の事は申すに及ばず、只今のごとく相違あるまじく候事。

とあった。つまり、輝元の無罪と、毛利の領国の保障とが約束されているのである。おまけにその起請文には、直政と忠勝の血判までが捺されていた。

——参戦せず、じっと堪えてさえいれば、毛利家の安泰を守り抜くことができる。

こう信じた広家は、西軍の仮面をかぶりながら、極力毛利の兵の動きを抑えることに全力を尽くしてきたのであった。

さて、笹尾山の三成があげさせた狼煙につづいて、天満山方面の空にも数条の狼煙が立ちのぼった。小西行長、宇喜多秀家の陣所からあげられたものである。

この時、長束正家の急使が南宮山にある毛利の本営に駆けつけ、秀元に戦闘参加を要請してきた。秀元はこれに応じて立とうとしたが、先鋒として前面に布陣している吉川広家の兵にさえぎられているので動くことはできなかった。そこで秀元は長束正家の使者に対して、

——兵卒に兵糧を食させている最中なり。

といって時間をかせいだ。世人は、これを「宰相殿の空弁当」と称したという。そして秀元は、長束正家、安国寺恵瓊に使者を送り、

——われすでに出陣を決意したが、先鋒の吉川広家が兵を進めず、いかんともし難い。宜しく吉川と相議せられたい。

と伝えさせた。長束、安国寺らは、これを聞くと疑心を生じ、兵を動かすことができなくなったといわれている。

南宮山には、秀元の率いる毛利の本隊が、いまや遅しと攻撃の機会を待っている。その麓に陣を構えた吉川広家は、毛利勢を下山させないように精一杯の努力をしていたのである。

この時の広家には、毛利を抑えて西軍を潰滅させようという、徳川方の巧妙な罠が仕組

まれていることなど、まったく思いも及ばなかったのである。

正午

松尾山の去就

――めざすは大谷刑部の陣（小早川秀秋）

小早川秀秋軍旗

裏切りに揺れる秀秋の心

狼煙が上げられてから数分を経過。いまだ何の反応も起こっていない。三成の陣地から立ちのぼる白煙を見ながら、その成り行きを気にかけていたのは、西軍だけではなかった。東軍の家康とその側近らも、天空にたなびく煙を見上げながら、顔面をこわばらせていたにちがいない。「辰の刻より始まりて、漸く巳午に及びけれども勝敗未だ分らざりし」、これは『関原軍記大成』が記す、正午頃までの状況である。

いまこの時、東西両軍の参謀たちが、ともに最も懸念していたのは、松尾山に布陣している小早川秀秋の去就であった。西軍は狼煙を合図に小早川隊が下山して、戦闘に参加する手順をとりきめていたし、いっぽうの東軍も、秀秋が機を見て西軍に背反し、味方に加わるという密約を結んでいたからである。

東西両軍と通じあって戦場に臨むなど、まったく内股膏薬のような男であるが、この時の秀秋には、それなりの複雑な事情があったようである。

秀秋は、秀吉の正妻おね、つまり北政所の兄木下家定の子である。北政所には子供ができなかったので、秀秋は猶子(ゆうし)となって北政所に養育された。左衛門督(さえもんのかみ)を称してからは、その唐名である金吾(きんご)とよばれ、また中納言に任ぜられて金吾中納言とよばれた。

秀吉もいちじは秀秋を非常に可愛がり、自分の相続人とまで考えるほどの愛情を示したものである。ところが、この秀吉の愛も、淀殿に秀頼が生まれた頃からうすれた。文禄三年（一五九四）十一月のこと、秀秋は突然小早川隆景のもとへ養子として出されたのである。

その翌年、小早川家の所領である筑前一国と筑後二郡三十五万石を相続し、筑前名島（福岡）の城主となったが、養父隆景が死ぬと、秀秋に対する秀吉の冷遇もきびしさを増した。慶長の役の際における朝鮮での軽挙ぶりを咎められて越前北ノ庄（福井）十六万石に左遷され、九州の所領は没収となった。しかし秀吉の死後、五大老筆頭徳川家康のはからいで、筑前、筑後の旧領に返り咲いたのであった。

このような秀秋の過去をふりかえってみると、かつては豊臣氏の親族同様であったとはいえ、関ヶ原当時における彼は、むしろ家康サイドの人物であったといえるであろう。

しかし、この合戦に際し、秀秋は伏見城攻めに参加し、すでに西軍として行動していたのである。もっともこれは自己防衛のためであり、いたしかたないことでもあった。もし石田三成らの出兵要請を拒否すれば、わが身が危険にさらされるからである。

なお、『寛政重修諸家譜』に収める稲葉氏系譜には、秀秋の老臣稲葉正成は、伏見城攻めに際し、秀秋を説いて伏見城に使者を遣わし、太閤の後室北政所および秀秋の父木下家定を本丸に入れ、秀秋は西ノ丸の守備につくことを申し出た。が、城将鳥居元忠がこれを拒否したので、やむをえず西軍の伏見城攻撃に参加したとしている。

伏見城の陥落後、大坂に帰った秀秋は、関東に下向中の家康に手紙を送って謝罪につとめた。さいわい、秀秋には平岡頼勝と稲葉正成という思慮ぶかい重臣がいた。ことに正成の子は家康の近臣として仕えていたし、正成自身も、家康の側近の村越茂助直吉や黒田長政らと親しかったからなおさら好都合であった。この正成の妻は、のちに三代将軍徳川家光の乳母となる春日局その人である。

平岡と稲葉、この秀秋の二人の重臣は、主家の危機に直面して、ともに精一杯の努力を惜しまなかった。板坂卜斎の覚書にも、家康が東海道を西上中の九月八日、遠州白須賀の宿に、「筑前中納言（秀秋）殿使者」の来訪があったことがみえている。

一軍の統率者とはいえ、お坊っちゃん育ちの十九歳（一説に二十四歳）、やはり重臣たちの補佐が必要であった。また彼らの考えを無視するわけにもいかなかったであろう。

秀秋が率いる小早川隊が関ヶ原に到着したのは、昨十四日の午後であった。伏見城攻めに参加してのち、病気と称して近江石部に引き籠っていたが、三成からの再三にわたる出兵要請を拒みきれず、しぶしぶながら出陣し、こっそり東軍の黒田長政のもとに人質を送ったうえで、西軍に応じたのであった。

東西両軍にとっても、小早川隊の一万五千六百余という兵力の存在は大きかった。西軍は決戦直前の九月十四日付で、安国寺恵瓊、大谷吉継、石田三成、長束正家、小西行長ら五名の連署になる誓書を小早川の陣所に届け、秀秋の心をつなぎとめようとしていた。その文面は、

一、秀頼公十五歳に成られる迄は、関白職を秀秋卿へ譲り渡すべき事。
一、上方御賄（まかない）として、播磨国一円に相渡すべし。勿論筑前は前々のごとくたるべき事。
一、江州において十万石宛、稲葉佐渡守、平岡石見守両人に、秀頼公より下さるべき事。
一、当座の音物（おんもつ）として、黄金三百枚づつ、稲葉、平岡に下さるべき事。

というものである。秀秋に在京料として播磨一国を与えようというのはよいとしても、秀頼が十五歳に成人するまでの間、秀秋を関白にしようとは、なんとも恐れ入った話である。また稲葉正成、平岡頼勝の二人の老臣にも近江の内にそれぞれ十万石の知行を与えることを約束し、当座の軍資金として黄金各三百枚ずつを送ったというのも法外である。だが西軍としては、まさになりふりかまわず何としても小早川秀秋の協力が欲しかったのだ。三成が関ヶ原到着と同時に、自身小早川の陣所を訪れて、平岡頼勝と会見し、狼煙を合図

に東軍の側背を衝くことを確認したのも、その強大な兵力を頼みとしたからである。
いっぽう、東軍方でも、家康近臣の本多忠勝と井伊直政の両名が、十四日の日付で、平岡頼勝・稲葉正成に誓書を送り、小早川隊のひきつけ工作に念を入れていた。その文面にはこうあった。

一、秀秋に対し聊（いささ）か以て、内府（家康）御如在あるまじき事。
一、御両人、別して内府に対せられ御忠節の上は、以来内府御如在に存ぜられまじく候事。
一、御忠節相究め候はば、上方に於て両国の墨付、秀秋え取り候て進むべく候事。

つまり、秀秋のこれまでの行為についてはすべて水に流す。平岡、稲葉両名の忠節ぶりには家康も喜んでいる。そして今後の忠節次第によって、秀秋に上方で二ヵ国を進呈しようというのである。東西両軍ともに、いかにして小早川を味方にひきいれるかに苦慮していたかがうかがわれるであろう。

あせる両軍

小早川隊が布陣している松尾山は、東西両軍陣地を見おろす場所に位置している。標高三百メートルの山頂に立つ秀秋の眼下で行なわれている激戦も、秀秋の決断ひとつによって、戦況にも大きな変化がもたらされることは目に見えている。

狼煙に対して何の反応も得られなかった西軍は焦った。石田、大谷、小西らは、いずれも急使を松尾山に走らせた。中でも、小早川の動きを、最も気にかけていたのは、大谷吉継であった。

松尾山の小早川隊は、もし敵にまわせば大谷陣の側背を脅かす位置にあったからである。その時、平塚因幡守為広が、吉継の陣所に駆けつけてきた。為広は、当時美濃垂井城主にあったが、吉継と親しかったため、大谷隊に加わっていたのであった。そして吉継の顔をみるや、

――金吾殿（秀秋）は二心を抱いておられるが、どちらつかずの体でいるのは、勢いの強い方を見定めているため。御油断めされるな。

と声をかけた。すると吉継は、

――愚老も先ほどより左様に心得、度々使者を遣わしたので間もなく様子が知れるであろう。もし裏切りが明らかになれば、貴殿と戸田重政殿と我らで秀秋を打ち取り、無念を晴らし申そう。

と答えた。

その同じ頃、東軍の家康も焦っていた。もちろん小早川隊が動かないからである。心配になってきた家康は、使番（つかいばん）の山上郷右衛門を黒田長政のもとに遣わし、秀秋の裏切りについてたしかめさせた。すると長政は、

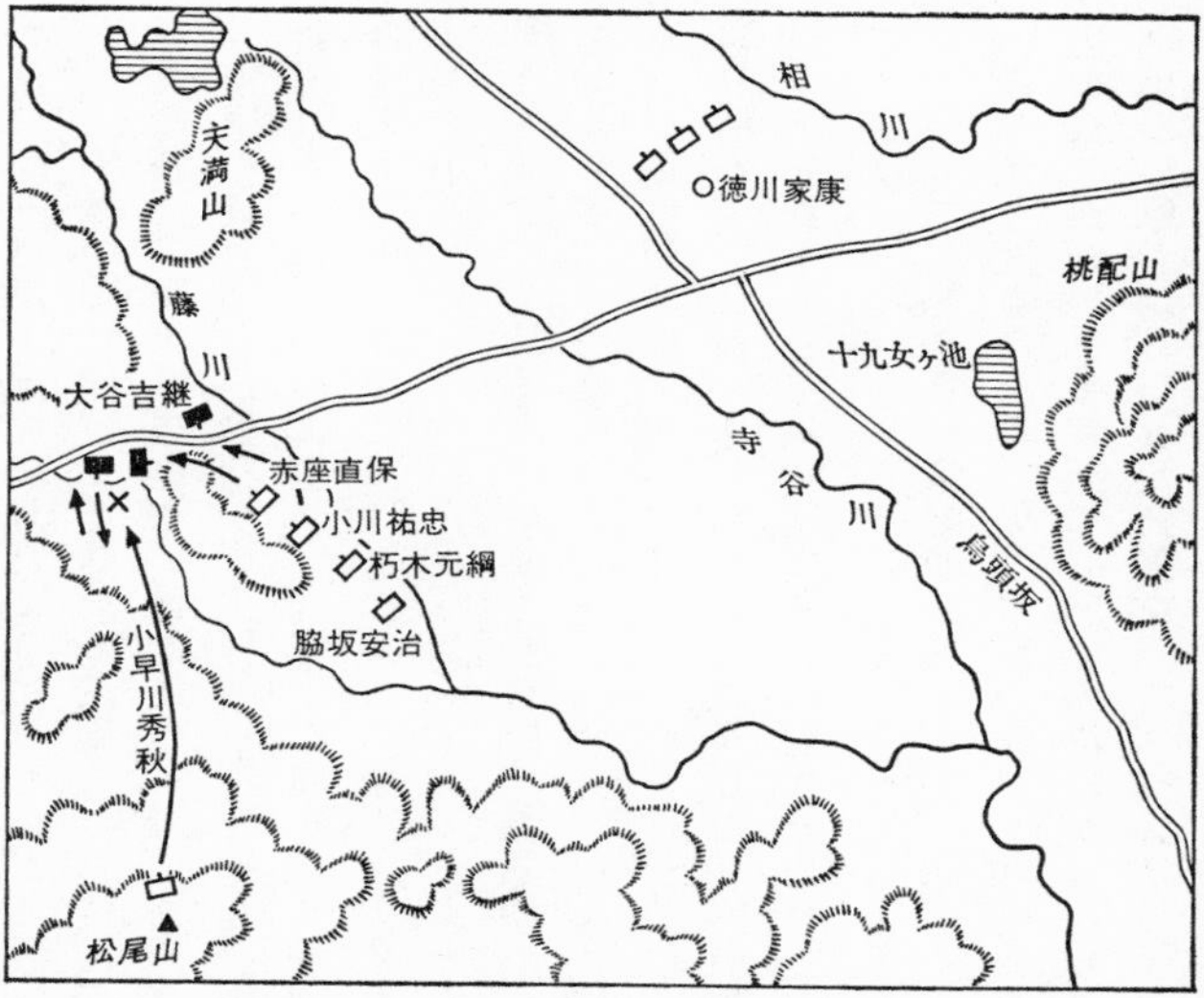

正午　小早川の背反　▷小早川秀秋に対し，徳川家康，催足の鉄砲を放つ．小早川隊ついに松尾山を下って大谷隊の側面を突く．▶大谷隊は善戦して小早川軍を後退させるが，指揮下の赤座・小川・朽木・脇坂隊また叛いて大谷隊を包囲する．＊中央部での戦闘経過は，本図では省略してある．

——秀秋が裏切るか否かは、それがしの知ったことか。だが、もし約束に背いたならば、石田を切り崩したうえで、き奴も討ち果たしてくれよう。

と、凄い権幕で怒鳴り返した。

これを聞いて、家康はますます心配になってきた。

家康は、困りはてた時にみせる彼のくせ、指を口にくわえて噛みながら、

——あの小倅（こせがれ）め、見あやまったか。

と、怒りの形相をして

いた。が、やがて意を決したように立ち上がると、

——秀秋の陣に向けて、誘いの鉄砲を打ち込んでみよ。

と命じた。家康が思いついた最後の一計であった。

家康の鉄砲頭布施孫兵衛と福島正則の鉄砲頭堀田勘右衛門の両名が、配下の銃隊をそれぞれ数十名ずつ前に出し、松尾山に向かって鉄砲をつるべうちに放った。

その同じ頃、松尾山では黒田長政の家人の大久保猪之助が、平岡頼勝の鎧の草摺をむずとつかみ、

——戦すでに始まり、いまや勝負時であるのに、裏切りの下知なきは不審なり。もし甲斐守（長政）に偽を申さるるにおいては、弓矢八幡刺し違え申さん。

と、脇差の柄に手をかけて迫っていた。長政は、万一にそなえて猪之助を秀秋の陣所に送り込んでいたのであった。これに対して平岡頼勝は、

——先鋒を進むる潮時は、我らにお任せあれ。ここかしこの戦局を見守っているところでござる。

といって、熱り立つ猪之助を抑えた。

それから間もなくのこと。家康の命じた鉄砲放ちに反応があらわれた。秀秋は勝敗の行方の決しがたい乱戦状態に、内応の決断がつけられなくなっていた。しかし、いま徳川の陣地から撃ちかけられた銃弾をみて、ついに最後の腹を決めざるを得なくなった。むろん

松尾山の小早川秀秋隊（『関ヶ原合戦図屏風』左隻部分）

平岡、稲葉の重臣たちもそこにいた。

——めざすは大谷刑部の陣なるぞ！

秀秋の麾が振られた。時刻は正午を少し過ぎた頃であったろう。

無数の軍旗・差物が揺れはじめた。松尾山は、まるで全山が鳴動したかのように動き出した。

秀秋も馬上にいる。平岡・稲葉を左右の先頭とする小早川隊は、山を降り、六百の鉄砲が大谷隊に向けて一斉に火を吹いた。

まったく意外な出来事である。小早川隊の兵士の中にも、この背反行為に仰天した者がいたほどだ。秀秋麾下の先頭隊長の松野主馬もそのひとりであった。松野は、

——この場におよんで東軍に応ずるは、秀頼公に報ずる道にあらず。たとい、わが殿が西軍を撃つも、われはむしろ東軍に突撃して潔く死のうぞ。

といって命令に従わない。そこで、伝令の村上右兵衛が、

——秀秋公の内応は今に始まったことではない。いま貴殿が主命に背けば、これとても反逆になろう。

といって諭したので、松野も仕方なく下山したが、戦闘には加わらず、傍観していた。

しかし、すでにこの頃、小早川の前衛隊は鬨の声とともに槍・太刀を振るいながら、なだれを打って大谷隊に突入していった。

午後零時三十分

裏切りは裏切りを呼ぶ

——大谷隊の側面に突っ込め（脇坂安治）

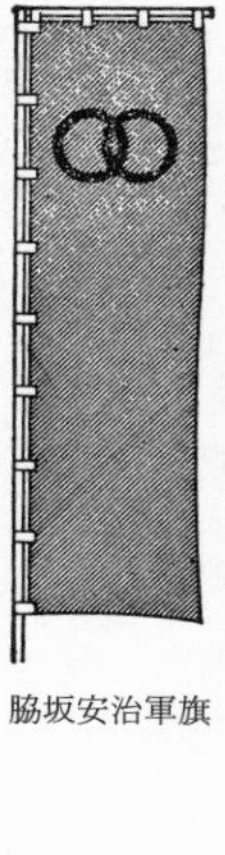

脇坂安治軍旗

弱者生き残りの戦略

松尾山を下りた小早川隊が、大谷隊に突入していくさまを見届けた家康は、鯨波（関の声）をあげさせた。

——エイエイオウ！　エイエイオウ！　エイエイオウ！

鯨波は合戦の初めに全軍で発する叫び声である。大将が「エイエイ」と発声すると、一同が「オウ」と声を合わせ、三度繰り返すのが通例だ。味方の士気を鼓舞する効果があった。

家康の下知に応じて、旗本の将兵たちが一斉に喊声をあげた。いよいよ家康麾下三万の出撃である。

関ヶ原合戦のメーンイベントが始まった。その決戦の中心地には、現在も史蹟として田圃の中に高さ二メートル余の石柱の碑が建てられている。丸山の狼烟場から東海自然歩道づたいに歩いて二十分ほどのところである。

そこで、『関ヶ原御合戦当日記』『関原軍記大成』等の記述から、その激戦のさまをうかがってみよう。

まずは、大谷隊と小早川隊との壮絶な死闘から始まった。吉継は、始めから秀秋の裏切りを警戒していたので、この変事に遭遇しても、驚きの色をみせなかった。あらかじめ指示を与えておいた六百余の精鋭の士が、襲いくる小早川の前衛隊を迎えうった。ことに平塚為広・戸田重政の率いる部隊の勇戦ぶりはめざましく、小早川隊を五百メートルほども退かせ、たちまちのうちに三百七十余人を討ち取った。秀秋の検使である奥平藤兵衛も討たれ、小早川勢の多くは再び松尾山に逃げのぼった。だが、そこへ藤堂高虎、京極高知らの兵が、横合いから大谷隊に突入すると、大谷隊の攻勢も止まった。

その時、大谷隊の中から、

——それがし当手の軍奉行なり、目の前にて戦いを決せよ。

と大音声をあげて一人の若武者が進み出た。島清正である。清正は島左近の四男であるが、大谷吉継の家臣として従軍していたのであった。

この名乗りに答えて、藤堂隊の中から老武士が出てきて槍を合わせたが、島清正に首を取られた。老武士は、高虎の従弟の藤堂玄蕃であった。しかしその清正も、つづいて現われた玄蕃の従者である高木平三郎に討ち取られた。

この劇的な死闘を皮切りとして、両隊はさらに攻防を続け、敵味方の死傷者が数百に達したほどの激戦を展開している。

だがこの時、大谷吉継がまったく予期していなかった、意外な事態が起こった。吉継の配下に属していた脇坂・朽木（くつき）・小川・赤座の四隊が、矛先を転じて、平塚・戸田の両隊に向かって攻撃しはじめたのである。

この四隊のうちの、脇坂安治の背反は、安治が、かねてから東軍の藤堂高虎らと打ち合わせていた筋書どおりであったといわれている。脇坂隊は、藤堂の兵の振る旗に呼応して行動を起こしたのであった。

安治は、かつて賤ヶ岳七本槍の一人として勇名をはせた人物で、この当時は淡路三万三千石、洲本城主にあった。彼の西軍参加はまったくの成り行きによるものであったらしい。子の安元を、家康の会津征伐に従軍させていた安治は、みずからも関東へ参陣しようとしたが、上方で滞留している間に西軍の挙兵に巻き込まれてしまったのである。そして他の朽木元綱（近江朽木・二万石）・小川祐忠（伊予府中城主・七万石）・赤座直保（越前今庄邑・二万石）らの諸隊とともに、大谷吉継の配下となり、松尾山の小早川秀秋の裏切りに備えて、押さえとして待機していたのであった。

とはいえ、裏切りにもチャンスが必要である。安治が、内応を約束していたとしても、東軍の戦況が不利な状態の中に行動を起こせば自殺行為につながる。またともに待機している朽木・小川・赤座の諸隊の思惑を無視して行動に移っても、命取りになりかねない。この時、安治の率いる脇坂隊は約一千、これに対して他の三隊は、合わせて三千五百ほどもいたのである。

安治も、東軍に通じてはいたものの、迂闊には行動を起こせなかった。もし小早川隊の裏切りがなければ、安治も動けなかったであろう。またかりに小早川隊が西軍の狼煙に応じて参戦したとしたら、安治もまたこれに従わざるを得なかったにちがいない。誰しも生命は惜しいもの。ことにこの関ヶ原合戦など、好んで従軍しているわけではないのである。

小早川の裏切りは、安治にとって、まさに天与の好機にひとしかった。しかも東軍の形勢は有利に展開しはじめているのだ。安治は、

――大谷隊の側面に突っ込め！

と叫ぶと、みずから槍を振るって先頭におどり出ていった。

大谷隊潰滅

この脇坂隊の突撃と、ほとんど時を同じくして朽木・小川・赤座の諸隊も起った。脇坂隊と同様、身動きもとれないままに戦況を見守っていた彼らにとっても、この窮地を脱して生きのびる方法は、これより他になかったのである。またこの時には、それまで草木の

茂みや物陰に隠れて形勢をうかがっていたような連中も、いま起こった異変を好機として、東軍に加わった者も少なくなかったにちがいない。

戦国時代が暗黒の世といわれるゆえんは、下剋上の風潮の中に、社会的な秩序が乱れ、無法が横行したことにあろう。戦国期の日本に来ていた耶蘇会の宣教師バリニァーノは、故国に送った書簡の中で、日本人の忠誠心の欠如を指摘し、「主君の敵方と結托して都合のよい機会に主君に対し反逆しみずから主君となる。反転して再びその味方となるかと思うとさらにまた新たな状況に応じて謀叛するという始末であるが、これによって彼らは名誉は失いはしない」と記している。

興亡流転のいちじるしい戦国乱世のモラルは、泰平の世の江戸時代に説かれた、理想の武士道とは、かなり異質のものであった。

連鎖反応のようにして起こった脇坂・朽木・小川・赤座四隊の裏切りは、大谷隊の潰滅を早めた。押され気味であった小早川隊は戦列を立て直して攻勢に転じる。そこへさらに藤堂・京極・織田の諸隊が総攻撃に加わる。勝敗はみるみるうちに明らかとなった。平塚為広・戸田重政をはじめ、大谷隊の将士はつぎつぎと倒されていった。

戸田重政は、津田信成(のぶなり)と戦ってこれを撃退したが、疲労しはてていたところを織田長孝(有楽の子)に斬られて絶命した。

平塚為広は、数度の戦いに疲労しながら、なおも十文字の槍を振るって奮戦していたが、味方の敗軍とみきわめると、討ち取った敵兵の首の一つに「名のために捨つる命は惜しからじつひにとまらぬ浮世と思へば」の歌一首を添えて大谷吉継のもとに届けさせた。そして再び敵中に突入し、小川祐忠の兵に討たれて戦死した。

この平塚為広の使者が、大谷吉継のもとに向かった頃、吉継もすでに敗北を認めていた。大谷隊は、わずかに吉継の嫡子大谷吉勝と木下頼継が防戦しているのみとなっていた。

吉継は為広の使者に向かって、

——武勇といい和歌といい、感ずるにあまりあり。はや自害して追付再会すべし。

と声をかけた。そして家臣の湯浅五助に、

——汝介錯して、我が首を敵方へ渡すべからず。

というと、押し肌脱いで腹十文字にかき切った。時に四十二歳。

湯浅五助がその首を打ち落とすと、三浦喜太夫がこれを羽織に包んで近辺の田に埋め、追い腹を切った。五助は涙のうちにそれを見届けると、藤堂隊に駆け入って討死したのである。

吉勝と頼継は、大谷吉継の死を聞くと、共に自害しようとしたが、侍臣の諫めによって乱軍の中を脱出、越前をめざして遁走していったといわれる。

なお、『関原軍記大成』には吉継自殺に関する異説が載せられている。吉継は秀秋の陣に向かって、

――人面獣心なり。三年の間に祟（たた）りをなさん。

といって切腹したが、はたして秀秋は、慶長七年十月に狂乱して死んだというのである。

午後一時

西軍総崩れ

——退くな！　下がるな（小西行長）

小西行長軍旗

陸戦で苦闘した水軍の将

小早川秀秋らの裏切りは、たちまちにして戦況を一変させた。

関ヶ原の決戦に参加した両軍の兵力は、通説に従えば、東軍七万四千、西軍八万二千という。これまでの戦闘では、両軍ほぼ互角の兵力によって対戦してきたが、毛利、吉川、長宗我部、長束、安国寺らの部隊が動かないのみならず、いま小早川、脇坂、小川、赤座、朽木らの兵二万余が東軍に寝返ったことにより、西軍の実際戦力は三万五千前後となった。これに対して東軍は、七万四千の兵力に内応の二万余を加えると九万四千を超え、じつに西軍の二倍半から三倍近い兵力となったのである。

小早川勢の大谷隊突入を機としてはじめられた家康麾下三万余の出撃は、そのまま東軍の総攻撃となった。家康本陣の方角から轟きわたってくる喊声と、法螺貝の音に、東軍将

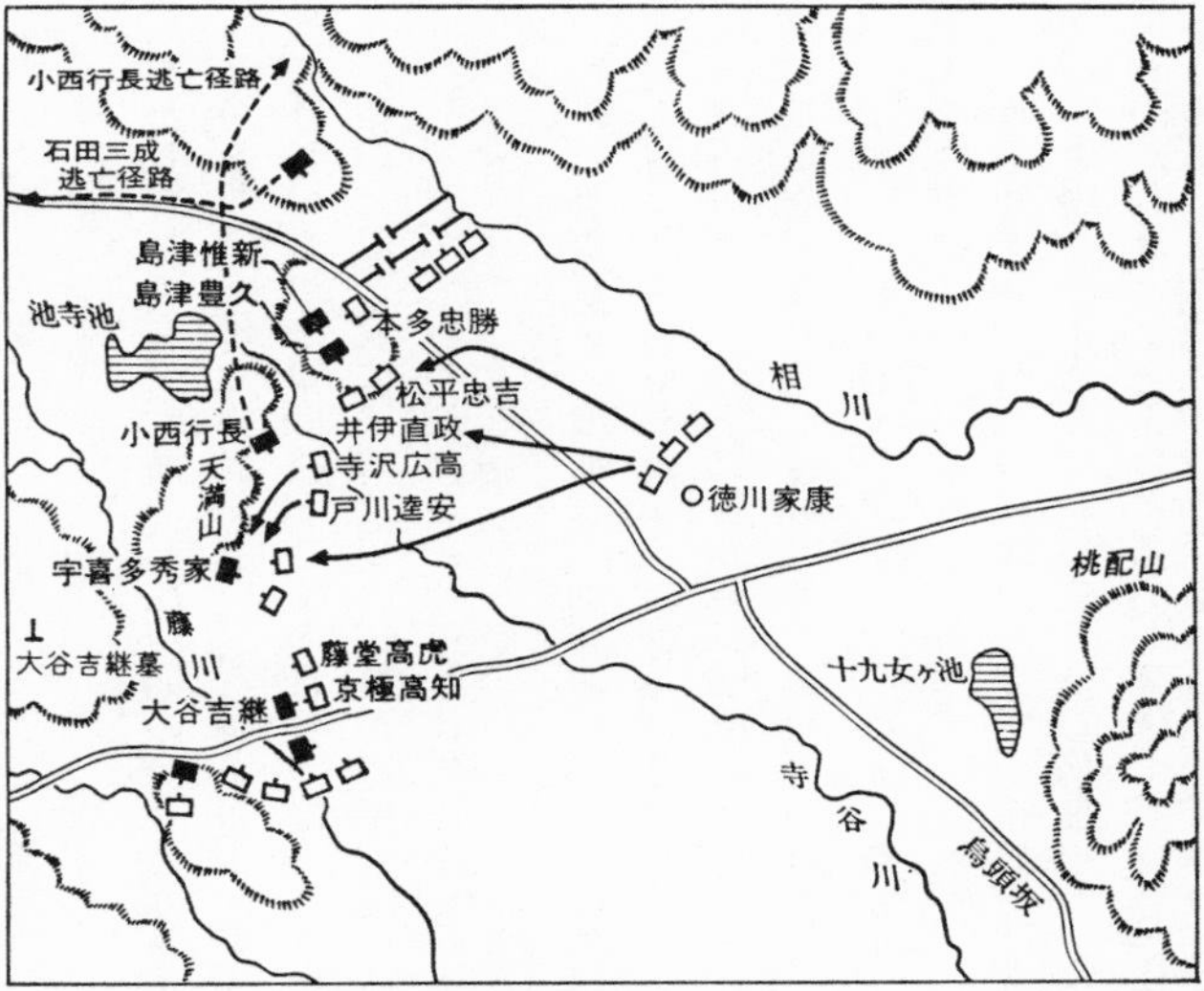

午後1時　西軍の戦線崩壊　▶大谷吉継の自害によって西軍右翼がついえ，ついで小西隊が崩れ，西軍は全面的に敗北する．小西は伊吹山東方の春日村方面へ逃がれ，石田三成は北国街道沿いに逃亡．

士の士気は奮い立った。

——謀叛だ！

——裏切りじゃ！

西軍の敗色は、まず小西隊からあらわれた。小早川の背反を知った兵士たちは、にわかに浮足立った。行長は、

——退くな！　下がるな！

と、叱咤の叫びを繰り返したであろうが、ひとたび怖気（おじけ）づいた兵士の動揺を抑えることはできなかった。

この小西行長という男、年恰好もはっきりしないが、泉州堺の豪商小西隆佐の子といわれている。行長は商人あがりのせいか、昔からあまり評

判のよくない人物である。戦争が下手で、虎退治で知られる勇将加藤清正などとは対照的な弱将のように見られている。

しかし、戦国期の豪商は、江戸期の商人とは異なり、荒波を押し渡って朝鮮や東南アジアまでも股にかけた勇者が多い。行長が秀吉に愛され肥後半国二十四万石の大名として出世できたのも、水軍の将としての行長の働きぶりがめざましかったからである。

行長が石田三成に応じたのは、彼が家康と親しい加藤清正・黒田長政・福島正則らの武将たちと不仲であったからと考えられる。つまりこれも豊臣家内部の分裂抗争のあらわれといえる。

行長は朝鮮侵略に渡海し、加藤清正とともに先鋒となって活躍したが、作戦上のことでしばしば清正と対立したようである。それがもとで帰国後も、加藤清正を中心とするいわゆる武将派グループとは折り合いが悪かった。そこで行長はみずからの保身のためにも、石田三成らの奉行派と与同しなければならなかったのだ。

行長はこの関ヶ原に四千余の兵を率いて参加し、今日の戦闘でも西軍の主力の一つとして勇戦してきた。

しかし小早川の裏切りによって受けた衝撃は大きく、たちどころに部隊は混乱におちいった。戦場で一番恐ろしいのは、疑心暗鬼を生じた時だ。味方に不信感を抱き、恐怖心にとりつかれれば、どんなに強力な軍隊でも烏合の衆同然となる。尻込みをしはじめた小西

敗走する西軍（『関ヶ原合戦図屏風』左隻部分）

隊の兵士たちは、大谷隊を撃破してさらに矛先を転じた小早川・脇坂・朽木・小川・赤座らの背反軍に襲撃されるや、われ先に逃げ出したのである。時刻およそ午後一時過ぎのことであった。

西軍潰走

小西隊が崩れ立つと、隣の宇喜多隊も支離滅裂となった。小早川秀秋の裏切りを怒って逆上し、

——おのれ！　かの倅（せがれ）めと刺し違えて憤恨を晴らすべし！

と取り乱す秀家を、家臣の明石掃部助（かもんのすけ）全登が抑えとどめ、

——御憤（いきどおり）はさることとなれど、諸将の進退をも御下知あるべき御身にて、粗忽（そこつ）のおふるまいは如何（いかが）なり。

と諫めた。激昂する秀家は、

——その方の意見はもっともなれど、秀秋が逆心を一筋に怒るは粗忽というにはあらず。毛利輝元はかねての約を違い、出馬なきことさえ不審なるに、毛利秀元、吉川広家も約を変ずる上は、天下傾覆の時節なるべし。しからば今日討死して、太閤の御恩を報ずべし。

と、馬を引き寄せながらいい放った。

しかし、全登がなおも必死に秀家を抑えとどめながら、

――たとい大老・奉行の輩が、皆関東へ降参したとても、天下の危難を御救いになり、とにもかくにも秀頼公の御行く末をおはかり給えかし。

と、言葉をつくして諌めたので、秀家もようやく納得し、

――しからばその方に任せおくべし。

といい残し、数騎の武者とともに、小西行長と同じ伊吹山方向に逃走していった。

全登は、主君秀家を逃がすために、二十人ばかりの兵とともに奮戦したが、まもなく全滅させられている。

石田隊は、黒田、田中、細川、生駒、竹中らの諸隊と、それに大谷隊を破って加わった新手の藤堂、京極、織田らの兵をもひきつけて、頑強雄渾な戦いぶりをみせていたが、小西、宇喜多両隊の敗走をみると、やはり戦意を失って遁走しはじめた。

三成の下知により、屈強の兵士百三、四十人が寄せ手に向かって斬り入ったが、たちまち枕を並べて討死した。中でも蒲生備中（郷舎）の働きぶりはめざましかった。備中は傷ついた馬を乗り捨て、歩行立にて戦っているところに、織田有楽（長益）の姿をみかけた。有楽は織田信長の弟である。よき敵に出合ったと喜んだ蒲生備中は、抜き放った太刀をうしろに引きそばめ、

――それがしはもと蒲生飛驒守氏郷の旧臣、横山喜内と申す者なり。

と声をかけた。蒲生郷舎は前名を横山喜内といっていたのである。すると有楽は馬を寄

せながら、

――横山喜内という名は、以前に聞いたことがある。我に出会いたるこそ幸いなれ。内府公へ申し乞うて一命を助けて進ぜよう。我に付いて参れ。

といった。すると備中はからからと打ち笑い、

――信長公の御舎弟とも思われぬいいぐさ。いまさら貴殿の憐みを受けて一命を助かろうなどとは思わぬ！

といいざまに、走り寄って有楽の右の高股めがけて斬りつけた。有楽は咄嗟に身を引いたが、左の方へ落馬した。むろん有楽の従者らが備中を取り巻いた。そして備中は、彼らと大立回りのすえ、ついには、うしろから組みつかれたところを、前後左右から槍すくめにされて突き殺されたのであった。

三成は、蒲生備中らの戦死を知り、さらに寄せ手の攻勢を目前にすると、もはやかなわじと悟り、北国街道沿いに引き退いていった。島津家関係の記録である「関ケ原合戦進退秘訣」は、西軍が「惣敗」に及んだ時刻を「未の上刻」すなわち午後二時としている。

西軍諸隊のほとんどが敗走し去ったいま、残るはただ島津隊のみとなった。

午後二時

傍観ゆえの犠牲

――敵中を突破せよ（島津惟新）

島津惟新軍旗

名門の意地と誇り

銃声と刀槍を打ちふるうおたけびが、入り混じっている。戦場に取り残された島津隊が、群がり集まった東軍諸将の軍勢の攻囲に苦闘をしいられているのだ。

はじめは、抜刀した島津隊士が、寄せ手に対して猛然と斬りかかると、東軍の兵がたじたじとなって退く場面も何度かみられたが、今は、敵味方の識別もわからぬほどの乱戦状態。島津隊士の数が目にみえて減っていく。

今日の戦闘において、島津惟新とその甥豊久の率いる島津隊は鉄砲の筒先をそろえて布陣したまま兵を動かさなかった。敵が接近してきても、攻撃さえしかけてこなければ、発砲もしなかった。終始傍観の態度をとりつづけてきたのである。

島津はもともとこの戦いに対して消極的であった。思えば惟新（義弘）が、わずか三百名ほどの家臣と大坂に滞在している間に、石田三成らの挙兵があり、やむなくこれに巻き込まれてしまったのであった。

惟新は、会津征伐のために出陣する家康をみずから伏見まで見舞に行った。その際、家康から頼まれた伏見城留守の申し入れを、こころよく引き受けていたほどであるから、家康に対して格別に敵意を抱いていたわけではなかったろう。

そして、この家康からの依頼に責任をさえ感じていた惟新は、国元にいる兄の島津龍伯に対して、四月二十七日付の書状を送り、

――伏見の御留守番を引き受けたからには人数を整えなければ島津家のためにならず、世間への聞こえも悪い。出陣を迷惑がる者もいるかも知れぬが、奥州（会津）に出陣するものの軍役が百石に付き三人なのに較べれば、伏見在番の場合は百石あたり一人と思われるから、どうか調えて欲しい。万一油断すれば、われ自身は仕方ないが、島津家の越度になるのは忍び難い。

とまでいっていたのである。

しかし、いざ合戦ということになり、東西いずれかに味方するかという二者択一を迫られれば、島津としては豊臣家に対する恩義もあり、石田らの主張する大義名分論に同調せざるを得なかったのであろう。

『島津家譜』には、島津の西軍加担のいきさつについて次のように記している。島津豊久

は惟新に、家康の勝利の明らかなことを説き、島津家を亡ぼさないためにも家康への味方をすべきであると勧めた。しかし惟新は、これをさえぎり、

――その方の申す通り、我も左様には存ずるが、故太閤殿下に対する誓紙を破っては、たとい家康公に味方をしても、決して頼もしくは思われず、以来、島津家の誓紙誓言はいつわり事とされ、長く家の傷にもなろう。

といって西軍につく覚悟を定めたという。

また『島津家代々軍記』には、惟新は、七月十九日の西軍の伏見城攻めに先だち、使者を伏見城に送り、惟新もともに籠城の意志のあることを訴えたが、城将鳥居元忠がこれを受け入れなかったと記している。

しかし、これらはいずれも、島津の義理堅さを強調し、また徳川に敵対したことを弁解するために後に作られた話であろう。惟新が七月十五日付で上杉景勝に送った書状では、「秀頼様御為に候条」、貴殿の協力を仰ぎたい。「拙者も其の通りに候」と書いていた。

さて、関ヶ原に参陣した島津軍は約千五百である。これは薩摩・大隅と日向の一部にかけて、六十五万石の領国を誇っていた島津にしては寡勢といえる。しかしこの当時の島津にとっては、この兵力が精一杯の限度であったようである。天正十五年（一五八七）には秀吉の率いる二十二万の遠征軍の攻撃を受けてその軍門に降った島津である。その後は秀吉への忠誠度を示すために献身的に奉仕し、文禄慶長の役にも、莫大な費用を投じて、す

すんで大兵を送った。この過去十年ほどの間のたびかさなる戦争によって、島津の財力もすっかり底をついていた。

またいまひとつには、その頃島津の領国内に内乱をかかえていたという事情もあった。それは、一族である日向都城（みやこのじょう）八万石の伊集院氏との対立である。ことのおこりは、前年（慶長四年）の三月、惟新の子忠恒が、京都伏見屋敷の茶会の席で、伊集院忠棟（ただむね）を手討ちにしたため、忠棟の子忠真（ただざね）が都城に楯籠って反抗したのであった。これに対して島津も出兵し、一年余にわたる抗戦のすえ、忠真を降服させたのは今年の三月のことだ。いまだ内乱の余煙もおさまりきっていない。もし島津が大兵を関ヶ原に送って国元を手薄にしたら、その虚に乗じて、再び伊集院氏が反乱を起こさないとは限らないのである。

惟新の率いる島津隊千五百は、こうしたお家の苦しい事情の中から出されていた。

惟新が八月二十日付で、国元の重臣本田六右衛門に送った書状の中には、

――長宗我部殿は、軍役高からすれば人数は二千人であるのに、秀頼様の為に五千人も召し連れてきている。また近日伊勢に着陣された立花殿も、千三百人の軍役であるのに四千人も出されている。これらに対して、薩摩の兵がわずかに千人ばかりとあっては面目が立たない。早く人数を上着させて欲しい。

といっている。体面を大事と考えていた惟新の胸中が察せられる。島津家の財政難を知っていた毛利輝元と宇喜多秀家も、八月晦日付で、連署の書状を薩摩の島津忠恒に送り、

「玉薬御兵粮の儀は、公儀より仰せつけられ候条、御人数有次第、御馳走この時に候」、つまり、弾薬や兵糧は豊臣家から支給されるから、人数だけを出せるだけ送ってもらいたいと申し入れていた。

　こうした重ねての出兵要請を受けて、島津の家臣らは、遥か九州の地から、三人、五人と人目を避けながら駆けつけてきた。中には、二、三日前にやっと惟新のもとに到着したという隊士さえもあったようだ。

　島津は、やむにやまれぬ事情から、西軍として関ヶ原に参陣したものの、戦闘不参加をきめ込んでいたらしい。再三にわたって加勢を求めてきた石田の要請にも応じなかった。それは、はじめからこの戦いに気乗りがしなかったこともあるが、西軍の作戦に対する不満もあったようである。昨夕の大垣城における軍議でも、家康の本営に先制攻撃をかけることを力説した惟新の主張は容れられず、西軍のとった行動は、惟新にとってはまったく不本意このうえないものであった。

　惟新義弘は時に六十六歳。白髪の老人ではあったが、性格は豪胆そのもの。二年前の慶長三年十月の朝鮮泗川(しせん)の戦いにおける彼の勇猛ぶりは、明の史書にも「子曼子(しまず)」勢は「強悍(きょうかん)にして勁敵(けいてき)」と評されたほどである。その気骨はいまもまったく衰えていない。

　それだけに、この惟新という男、プライドも高い。プライドが高いのは名門島津家の伝統ともいえる。惟新の兄である龍伯義久は、秀吉に対して「由緒もない出自」「関白殿下扱いするは笑止」といいきって対抗し、秀吉の征伐を受けたのであった。

このプライド高い島津のこと、もしかりに西軍の諸将が、惟新の主張する作戦を全面的に受け入れ、さらにその地位をも、副総帥か参謀長格にまつりあげていたとしたら、島津はもっと本気でこの戦いに臨んでいたかもしれない。それが作戦も採用されず、しかも石田の部下の島左近勝猛あたりの、陪臣の意見がまかり通ったとあっては、勇将惟新の面目も丸つぶれであったといえよう。

——ならばお手並拝見いたそう。

と、惟新は不戦をきめ込んだのであろう。島津としては、好まざる戦いに敢えて参加するほどの義理は感じてない。ただ世間に対して不屈の意地を示しさえすれば、それで充分であったのだ。

かくて、兵を動かさずに傍観してきた島津であったが、西軍の総崩れという事態に直面すると、もはや傍観ではすまされなくなった。勢いに乗じた東軍が、西軍の皆殺しをはかって攻撃をしかけるのは当然のことである。

島津隊が戦場にとり残されたのは、脱出のチャンスを逸したからであった。傍観をしていただけに、かえって脱出の時機がつかみにくくなっていた。それに参戦もしないで真っ先に戦場から逃げることは、島津のプライドが許さなかったであろう。

潰走した小西・宇喜多隊の敗兵が、救いを求めて島津隊の中に入り込もうとした時も、

島津隊は、

——わが隊を乱す者は、西軍にても斬るべし。

という惟新の命令どおり、銃口を向けてこれを追い払ったが、そうこうしているうちに戦場離脱の機会を失ってしまったのである。

多勢に無勢。押し寄せる東軍の猛攻を受け、島津隊はすでに半数以上の兵を失っている。

死中に活路をひらく

小池の丘上の本陣に据えた床几（しょうぎ）に坐しながら、西軍の惨敗ぶりをみていた惟新が、傍にいる甥の豊久と近臣の阿多盛淳（あたもりあつ）（長寿院）に向かって口を開いた。

——うしろには伊吹の嶮があり、前には敵兵が充満している。士卒はすでに減じて勝算とてない。この身は年老いて険阻を越えることもできまい。かしこに見える一隊は家康の旗本であろう。一気に突入して、快く戦って潔く死のうぞ。

と、家康の本陣めざして突撃しようとした。

しかし豊久・阿多盛淳がどこまでも諫め、戦場離脱をすすめるので、惟新もついにその言に従い、

——さらば敵中を突破し、牧田から西南へ走ろう。

と決した。

島津隊がこの戦場から脱出するには、三つの退路が考えられた。すなわち、伊吹山の嶮を越えて北近江へ抜けるか、北国街道を走る。そしていま一つは伊勢方面に向かう道であるが、これは常識では考えられない。それは群がる東軍の真只中を強行突破しなければならないからだ。

だが、この時島津は、その常識を破って伊勢路をとり、敵中突破の道を選んだのである。どの退路をとっても、敵の追撃を受ける。それならば敵の意表をついて敵中を駆け抜け、九死に一生を得ようというのである。『東遷基業』という書には、味方の敗軍する方へ退けば、敗兵が足手まといとなって自由がきかないので、敵中を突破して引き退くことにしたと記している。

――行くぞ！　遅れるな！

生き残りの隊士を一団とした島津隊は、記章をとり、馬印を折り、東南に向かってまっしぐらに突進しはじめた。

喊声をあげながら突き進んでくる島津隊が迫ってくると、東軍の兵士たちは道をあけた。このさまを見た家康は、よく彼が戦場でみせる癖の一つ、拳で鞍の前輪をしきりに叩き、身を揉みながら、

――かかれ！　かかれ！

と叱咤したが、猛将福島正則でさえ手を出さなかった。

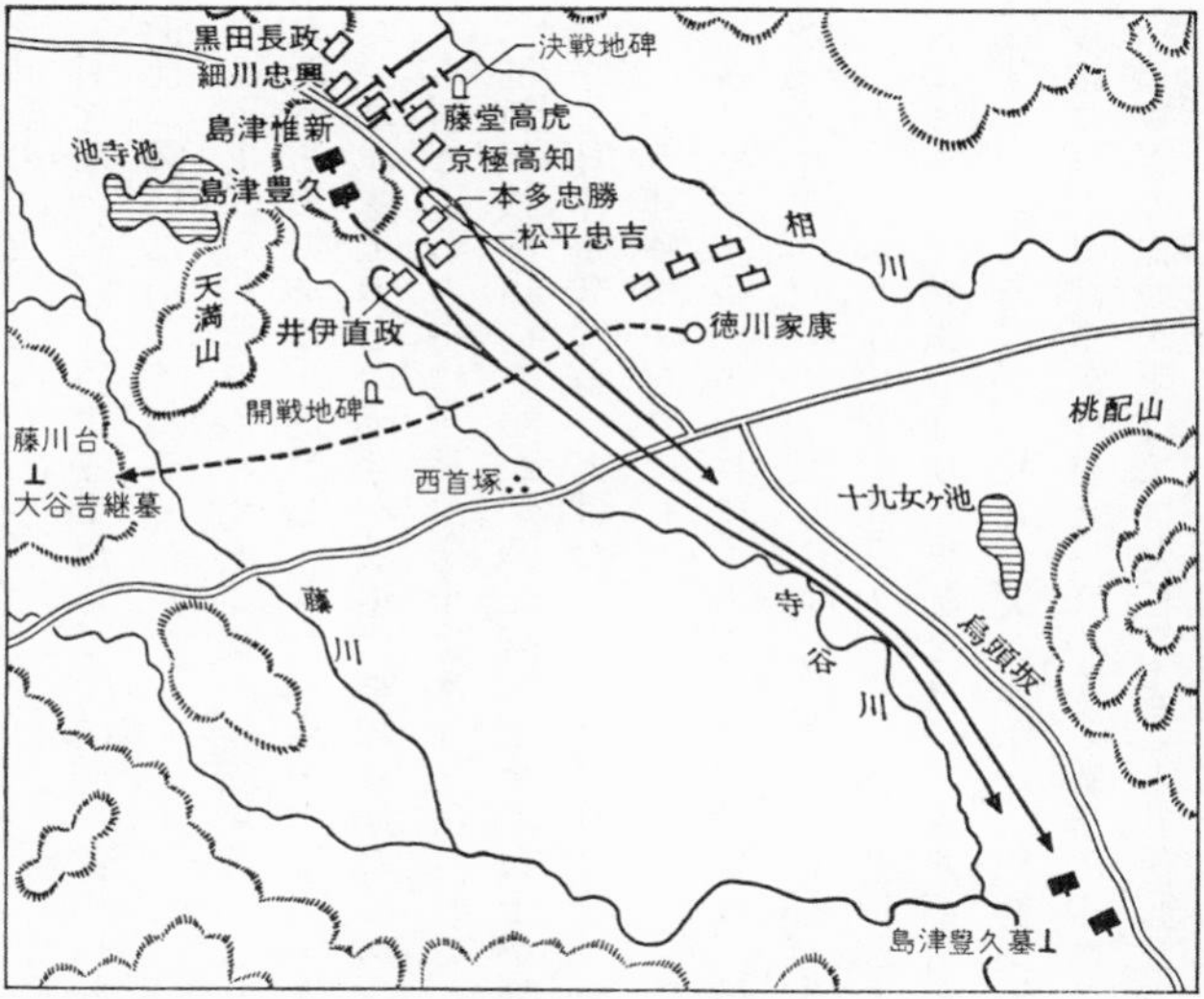

午後2時　島津の敵中突破　▶これまで縦深隊形で陣を固守していた島津軍は，前進による退却を開始．▷徳川家康の本陣前を通過したので，井伊・本多の兵が追尾，烏頭坂の激戦，島津豊久の戦死を経て脱出に成功する．▷その後徳川家康は大谷吉継の旧陣地（藤川台）に本営を移して諸将を引見する．

福島正則の嗣子で十六歳の正之は、島津隊に向かおうとしたが、福島家臣の梶田五郎左衛門が駆けつけて馬の口をおさえ、

――死狂いする敵に軍（いくさ）はせぬもの。

と押しとどめた。死にもの狂いの猪武者に手出しをするのは危険なのだ。陣場野の家康の本陣は、酒井家次が兵を移動させて前面を固めたため、島津隊の家康本陣突破はできなかったが、一団はほとんど無傷のまま関ヶ原を脱出した。時刻は午後

三時頃のことであったろう。

引き攣っていた島津隊士たちの顔に、一瞬やわらぎの表情がみえたであろう。生還の可能性が閃いたからである。

しかし、この張りつめた心が緩み、安堵感にとりつかれた時、勇者の闘志は大きくそこなわれるのである。追撃してきた福島・小早川・本多・井伊らの東軍諸隊の足並が早まった。島津隊士の心の動きを敏感に察知したのであろう。

東軍の追撃の中に、島津隊士は次々と倒されていく。島津豊久の姿も消えていた。

惟新が牧田川にさしかかった時、東軍の兵士が叫ぶ、

――島津豊久の首をあげたり！　あげたり！

という連呼の声を耳にした。

豊久は、本多忠勝の兵に十方より突掛けられ、槍七、八本にて、六、七度槍玉に上げられるうちに、身についていた猩々緋の陣羽織は散々に飛び散り、首は小早川秀秋の先手に加わっていた小田原北条氏の浪人である笠原藤左衛門に取られた。なお豊久については諸書によって異説もあり、重傷を負って生死不明とするもの、また後に薩摩に帰還したと記すものもある。が、現在、関ヶ原駅から伊勢街道を徒歩で十五分ほど行った牧田烏頭坂の地には、島津豊久の墓というのが、雑草の中にひっそりとたっている。

追撃軍の先頭を駆けていた松平忠吉と井伊直政の軍勢が、惟新の近くに迫ってきた。

惟新は、もはやこれまでと覚悟を定め、大敵の中に斬り入ろうとした。が、阿多盛淳が惟新の前に立ちふさがり、

——一軍の将たる人、粗忽に討死せんと仰せらるるは、沙汰の限りなる御覚悟なり。千騎が一騎になるまでも、今日の戦場を退かせ給え。恐れ多きことながら、それがしが名代（みょうだい）つかまつらん！

というや、馬を返して敵中に駆け入り、

——われこそは島津兵庫入道惟新なるぞ！

と称して、勇戦のすえ討死した。

大将の首を敵にわたすことを最大の恥辱とし、万が一大将が討ち取られ、その仇を報いることができぬ時は、一隊ことごとく討死する、というのが、薩摩の士風であったという。

盛淳がその従卒とともに、獅子奮迅の激闘ぶりを示して、身替わりの戦死をとげた頃、惟新は牧田川を越えていた。従う者はわずかに八十余人であったといわれる。

松平忠吉と井伊直政は、なおもこれを追撃したが、殿（しんがり）として立ちふさがった島津隊士の決死の銃撃を受け、直政は弾丸を腕に受けて落馬し、忠吉も負傷した。

折しも東軍の追撃が止んだ。家康からの追撃中止命令が伝えられたからである。惟新は多良に向かって馬を走らせ続けていた。かろうじて戦場離脱に成功したのである。しかし、これに従う隊士は数十人に減っていた。

傍観をきめ込んでいた島津であったが、皮肉にも多大の犠牲者を出す結果となったのである。『関ヶ原合戦進退秘訣』は、松平忠吉、井伊直政らが負傷した時刻を「日既ニ申ノ中刻（午後四時）ニ近キ歟」としている。

この壮絶な島津隊の敵中突破とその追撃戦が行なわれている間に、南宮山周辺に布陣していた毛利・吉川・長束・安国寺・長宗我部らの諸隊の姿もみえなくなっていた。

吉川広家は、黒田長政のもとに使者を馳せ、

――秀元とともに御本陣へ伺候申すべき事なれども、当方いまだ引き払いがたし。後日大坂において、輝元と同時に御礼申し上げる所存、この旨よろしく家康公に御披露ありて給わるべし。

と申し伝えて陣を払った。

この毛利・吉川らの退陣とちがって、長束・安国寺・長宗我部らのそれはまさに生き地獄にひとしかった。東軍の追撃を受け、あるいは一揆に行く手を阻まれながら、それぞれ、伊勢あるいは近江をめざして、われ先に逃走していった。

なお、敵中突破をして関ヶ原を脱出した島津惟新とその臣数十人は、伊勢路、伊賀路、大和路を通って泉州堺に潜行し、堺の町人入江権左衛門の助力を得て船出し、大坂から逃がれてきた内室と摂津住吉の沖で合流し、薩摩に帰っている。

午後五時

家康諸将を引見

――それがしにも御下命を（朽木元綱）

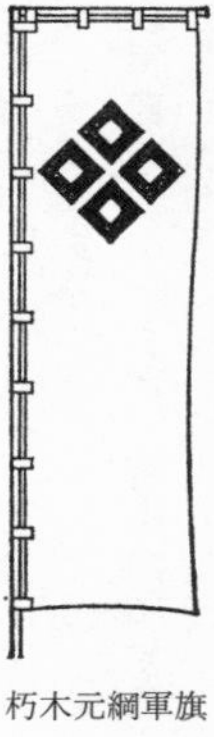

朽木元綱軍旗

激戦のあと

さきほどから、曇り空に黒さを増していたが、申の刻（午後四時）頃から、再び大雨が降り出した。

関ヶ原の戦場には、軍旗や差物が散乱し、東西両軍の兵士の死体が、いまだ打ち捨てられたままになっている。土砂降りの雨の中を主人を失った放れ駒が、鞍を置いたまま駆けまわっている。『関原軍記大成』は、そうした馬の数を「千五六百疋」と記している。

この日の戦闘における死傷者の数は、諸書によってまちまちである。西軍の死者について『関原軍記大成』は「凡そ三万二千六百余人」とし、『関ヶ原始末記』は「八千余人」としている。東軍の死者については『関原合戦記』は「四千余人」としている。が、いずれも確かなことはわからない。

ただ、近衛前久（さきひさ）が、戦後五日目の九月二十日付で、その子信尹（のぶただ）に関ヶ原合戦に関する風聞を報じた書状では「上方ヨリ出陣ノ人数五万計リニ候。四、五千モ討死候ト申シ候」と記している。おそらく六千前後というのが両軍の死者の実数に近いところであろう。ともあれ、一日の戦死者としては史上最大といえよう。『落穂集』に載せられている、激闘のあとを目撃した者の言によれば、野山の草木も血にまみれ、不破（ふわ）の河水があふれて死骸を押し流し、水の色が紅に変わっていたという。

討ち取られた西軍将士の首は、家康の陣地である陣場野（床几場）に運ばれてきたが、家康はそのうちの主な首級をみずから首実検したのち、それらの首のすべてを東西二ヵ所に首塚を作ってこれに葬らせた。この塚は、現在も、東首塚、西首塚と称され、史蹟として残されている。

「首実検」という言葉は、本来は大将が敵の物頭や諸奉行クラスの騎馬武者の首を検分することをさし、これに対して敵の大将または貴人・高位の人の首の検分を「対面」、そして歩卒の雑兵らの首の検分を「見知」と称してそれぞれ区別していた。しかし広義には、首の検分の総称として「首実検」という語が使用されているのである。

室町・戦国期に行なわれていた首実検の模様を武家故実書にうかがうと、首実検に先だち、首化粧がほどこされる。これは首装束ともいわれる。首を水でよく洗い、血や土などを洗い落とし、髪を整えて元結にて髻（もとどり）を高く結い上げる。そして御歯黒（かね）や白粉・

紅をつけた高貴の人の首ならば、そのようにこしらえ、顔が傷ついている場合には米の粉をふりかけて傷をおさえる。こうして首化粧された首には、板に「何某(なにがし)これを討ち取る。何某の首」と二行に書かれた首札を鬢(びん)の毛に結びつけ、首台または首板の上にすえた。石田三成の家臣の娘が書いた『おあん物語』にも、関ヶ原合戦後、東軍に大垣城（佐和山城の誤りであろう）を攻められた際の籠城の模様を述べた中で、

味方へ取たる首を天守へ集められて、夫々に札を付てならべおき、夜る〳〵首におはぐろを付ておじやる。それはなぜなりや、昔はおはぐろ首は能き人とて賞翫した。それゆえ白歯の首にはおはぐろ付て給はれと頼まれておじやつたが、後は首もこわい物ではおりない。其首共の血くさい中にねた事でおじやつた。

と書かれている。佐和山城攻めに参加した東軍諸将の中に、御歯黒をつけたような高貴な身分の者が実際にいたとは思いがたい。けれども『おあん物語』の記述は、当時における首実検の際の風習と佐和山におけるそれとが入り混じっているものと考えられる。

戦国期の戦場では、首実検を終えた後、敵味方の戦死者を弔い、供養塚を築くというのがならわしであった。首実検は、味方の戦果を確認し、士気をますます高めるとともに、武運つたなくして散った敵の戦死者に対する最大限の表敬の意がこめられた儀礼である。また、敵味方の戦死者の冥福を祈り、供養を行なったのは、怨讐を超越して、いっさいの罪根を消滅しようと願う仏教的な思想にもとづくものであったと考えられる。

なお、戦死者のほかに多数の負傷者がいたはずであるが、その数については明らかでない。おそらく戦死者の数倍を超えていたであろう。彼ら負傷者たちは、戦場に置き去りにされたままのたうちまわって苦しみ、あるいは宿営にかつぎこまれて傷の手当てを受けていたであろう。

関ヶ原合戦における負傷者の記事をみると、鉄砲玉による銃創が一番多く、ついで槍創であり、その次が矢創、そして刀創はいたって少ない。これはそのまま当時の戦闘と使用されていた武器を反映しているといえよう。

戦国武将らが合戦の際に受けた傷の手当てをいかにして行なったのかは明らかでない。が、服部敏良氏の『室町・安土・桃山時代医学史の研究』に収められている、安土桃山期にあらわれた鷹取流という金創《きんそう》（瘡）、すなわち金属性の武器で受けた傷を治療する外科医術の書からうかがおう。

それによれば、金創に対しては、まず気付薬を与え、ついで止血薬を服用させ、さらに内薬を与えて傷を洗う。必要に応じて縫合し、膏薬を塗る。骨折には皮つきの井柳を副木とし、腸の脱出したものは暖めてから徐々に入れてもとへ戻したという。

ポルトガル人やスペイン人等の来日とともに、いわゆる南蛮医学も伝えられ、西洋式の外科医療も行なわれていた。服部氏の同書によれば、金創は傷の深浅にかかわらず焼酎を暖め木綿を浸し、これをもって傷面を洗い、凝血を除去した後、椰子の油を傷に塗り、針で傷口を縫合する。ついで再び傷面を焼酎で洗い、玉子の白身に椰子油少々を加えたものに浸した木綿を取って傷面を覆い、その上を木綿にてよく巻きつける。
槍や矢による突傷の場合は縫わず、浅ければ一針縫い、傷内に木綿のこよりに油薬を塗ったものを入れておく。鉄砲傷は玉のある所を探って玉抜にてこれを抜く。もし抜けぬ時には吸膏薬をつけ、膿汁とともに玉の出るのを待ってこれを取り去ったという。

悲喜こもごも

島津隊が陣地を去ってから数時間を経過。時刻はおよそ午後五時頃である。もはや銃声も干戈の響きも聞こえない。が、人馬のどよめきはなおも続いていた。西軍の主力が敗走し去ったのにもかかわらず、兵士の数は増えている。それは、大垣城の備えにあった堀尾忠氏のように、東軍勝利と聞いて、矢も楯もたまらなくなって、兵を割いて馳せつけてきたものや、また、一族であらかじめ示し合わせて東西敵味方に分かれておきながら、勝敗が決すると、勝利軍にいる身内の部隊の中にもぐり込むようなチャッカリ者がいたからであろう。

天満山の西南の藤古川の台地には、多数の将士が群集していた。床几場からいつの間にかこの地へ移動した家康が、東軍諸将の引見を行なっていたのである。

まっ先に馳せつけたのは黒田長政であった。家康は長政の手をとって慰労の言葉をかけ、吉光作の佩刀を腰からはずし、これを与えた。

東軍に属した諸将たちが、次々とやってきて、家康の前にひざまずいて戦勝を賀した。

家康のそばには本多忠勝が控えており、祝賀に参じた諸将の戦功を、いちいち称賛していた。福島正則は、賀詞のついでに本多忠勝の用兵のすぐれていることをほめた。すると忠勝は、

——敵兵が甚だ弱いせいでござろう。

といって高笑した。戦勝者の意気は、まったく軒昂である。

島津隊を追撃した井伊直政と松平忠吉が帰って来た。

家康は二人の負傷した姿を見て驚き、近臣に薬を取りに行くよう命じた。ともにたいした傷ではなかったが、直政は、被弾して落馬した際、いちじ失神したというから、日頃は剛気を信条としていた彼のこと、内心ではさぞかし気恥ずかしさを感じていたことであろう。

しかし直政は気丈である。負傷した腕を首に懸け、諸将には会釈もせずに、

——今日の合戦、それがしより先なる人はあるべからず。

といった。家康は、

——汝が軍功は今に始めぬ事。

といって、労をねぎらった。

やがて近臣が薬を持参すると、家康は手ずからこれを直政の傷口に塗ってやり、その残り分を忠吉に与えた。

正則が、家康に向かって、

――内府殿の絶大なる武威によって、大敵を半日の間に潰滅させた。かくのごとき速かなる勝利は前代未聞のことでござる。

と称賛した。家康の側近にいた岡江雪は、この正則の言葉に続けて、

――目下の情勢は、あたかも夜の明けたようにございます。さっそく凱歌をおあげなされませ。

といった。すると家康は、

――野戦をもって凶敵を倒すことは、初めから予期していた通りのこと。しかし、東軍諸将の妻子は、今なお人質として敵のもとにある。われの最も憂いとするところである。数日のうちに大坂に到り、これを救出して諸将に返した後に凱歌をあげるがよかろう。

といった。この家康の言葉を聞いていた諸将の顔に、喜びの表情が流れたであろう。

それから間もなくのこと、小早川秀秋の姿がいまだ現われていないことに気がついた家康は、村越茂助直吉を使者として遣わし、これを招いた。そして秀秋が来ると、胡床を立って迎えた。秀秋は、地にひざまずき、伏見城攻めに参加した罪を詫びた。家康は満顔に笑みをたたえながら、

——貴殿の今日の戦功は莫大なれば、今後遺恨はない。これより江州佐和山にいたり、石田の居城を攻落さるべし。

と命じた。その時、

——それがしにも御下命を！

——佐和山攻めにお加え下されー！

と、あいついで進み出た者がいる。それは脇坂安治・朽木元綱・小川祐忠らの面々であった。いうまでもなく彼らは小早川秀秋の裏切りを機として東軍に加わった寝返り組である。

家康の諸将引見の席に列しているとはいえ、彼らは一様に、戦いも半ばを越えてからの東軍参加ということに対して引け目を感じていた。それに、表面的にはともあれ、彼らをみつめる東軍将士のまなざしは、まるで、

——裏切り者！

といっているかのように、軽蔑と嘲笑に満ちていたであろう。彼ら寝返り組は、

——佐和山攻めに戦功をあげ、裏切り者の汚名をそそぎ、わが家の安泰を保たねば。

と、いずれも屈辱に堪えながら、こう思っていたに相違ない。

彼らの要望は達せられた。佐和山攻めには主として小早川・脇坂・朽木・小川らの諸隊があたり、軍監として井伊直政がつけられることになった。そして攻撃軍の出発はその夜

と決せられた。

この佐和山攻めに赴く諸将は、自己の裏切り行為に対する償い、点数かせぎを意図したのであるが、所詮はみせしめ的、悪い役まわりである。

小早川秀秋は別にして、脇坂安治・朽木元綱・小川祐忠の三人の中で、この時もっとも強い屈辱感を味わっていたのは、朽木元綱であろう。その所領は近江国に二万石。禄高はいたって少ないが、朽木氏は室町幕府の重臣京極氏の支族で、累代近江高島郡朽木谷を根拠とし、幕府の御供衆に列せられていた家柄である。当時の大名の中でも有数の名家として知られていた。

元綱は光輝ある家系の末葉につらなりながらも、実力の世ゆえに、恥も外聞をもうち捨てて、裏切りの道を選んだ。それだけでなく、みずから佐和山攻めの役をも買って出なければならなかったのである。名族といえども、激動する世の中に生き残ることは至難なことであった。

『関原軍記大成』によれば、朽木元綱が細川忠興の取り成しによって家康に面会し、罪を詫びると、家康は笑いながら、

――その方などは小身なれば、草の靡き（なび）というもので、敵となっても大罪にはならぬ。本領安堵を申し付くべし。

といったという。これを聞いた元綱は、安堵の思いをなしたであろうが、この家康の言

葉には、多分に皮肉と軽蔑の意がこめられているといえよう。

同じ頃、家康の諸将引見が行なわれている藤古川台地の、さらに少し上の方で、数十名の兵士が、慌しく立ち働いていた。そこは大谷吉継の陣所のあった場所である。彼らは、大谷隊が宿営に構えていた用材を組み直して、家康のその夜の宿所を設営しているのである。

当時の武将たちの間には、戦場で寝起きをするための「小屋道具」というのが流行していたらしい。これは陣中で使用する調度のほか、中には軽便な組立式の小屋をも持ち運ぶ者もあったのであろう。しかし家康はそうした風潮を好まなかったようである。板坂卜斎の覚書には、関ヶ原戦勝後、家康は佐和山へ向かう途中に行き会った小荷駄の行列の大形ぶりをみて、「今時の若き者、是程の陣へ小屋道具沙汰の限り」と立腹し、「わに〳〵」といって口をもがかせて苛立っていたと記している。

藤古川台地に設営されている家康の宿営の規模はわからないが、翌十六日佐和山の近くに泊った際の宿所は、同じく卜斎の覚書によれば、それは八坪ばかりの藁葺(わらぶき)屋根で、粗末な納屋といったところだ。入り口には戸もなく、脇に小さな窓が一つある。内は土間で、その土間の半分に、佐和山から運んできた畳が敷かれていた。戦場における家康の宿営は大体このようなものであったのだろう。

戦いは終わった。長い一日であった。東軍の将兵たちは、土砂降りの雨を避けて、取り残されていた西軍の宿営や、近在の農家に入り込んでいる。その宿営の周囲には、水に浸した米を入れた桶がいくつも並べられている。降り続いた雨でどこも水びたし、飯も炊けない有様であったので、兵士が生米(なまごめ)を食って腹痛を起こすことを心配した家康が、

——米はよく水に浸しておき、戌(いぬ)の刻（午後八時頃）になって食べよ。

と命じていたからである。これは『関原軍記大成』「関ヶ原軍記」『慶長年中卜斎記』『落穂集』等の記述から想像される激戦の日の夕刻の光景である。

戦闘が開始されて以来、大部分の兵士たちは食物を口にする余裕などなかったはずである。空腹を我慢しながら、疲れはてたように身を横たえている者もいたであろう。

だが、その頃、関ヶ原北方の伊吹山中では、西軍の落武者狩りがはじめられていた。あたかも鹿や猪などの獲物を探すかのように、あたりの草木の陰を叩きながら歩きまわっている集団が、無数に群がっている。彼らの中には東軍の兵士も混じっていたが、その多くは竹槍や鎌・斧などを手にして集まってきた近在の百姓たちである。落武者の持ち物を奪い、衣服を剝ぎ取り、また名のある武士とみかければ、捕えて差し出し、恩賞金をせびろうというのである。当時の合戦のあとにはよくみかけられた光景だ。戦場の勇者も敗残兵となると負け犬にひとしい。かなりの豪傑でも弱兵になってしまう。

惨敗した西軍の将兵たちは、それぞれ必死の思いで戦場から逃走した。島津惟新や毛利一族の退却についてはさきに述べたが、その他、長宗我部盛親は、逃走の途中、徳永寿昌(ながまさ)

らの兵に襲われて八十余人の死者を出したが、ともかくも脱出に成功して伊勢に逃がれている。また宇喜多秀家も、その日はどうにか北近江まで逃がれることができた。ところが、脱出の運に恵まれず、伊吹山中に逃げ込んだ石田三成・安国寺恵瓊・小西行長らは、落武者狩りの恐怖にさらされていた。

夜に入り雨足はいくぶん小降りになったようであるが、無常の風が吹き荒れていた。

関ケ原戦後処理

一年後の回想

板坂卜斎の覚書にこんな話が載せられている。それは慶長六年（一六〇一）九月十五日、すなわち、関ヶ原合戦一年後の当日のことである。

家康は京都伏見城の表御殿で政務をとっていたが、この時、かたわらにいた近臣のひとりの船越五郎右衛門景直が、

——去年の今日は御合戦の日、雨が降り申したが、今日も雨降りでございますな。

というと、これを聞いた家康は機嫌よく笑ったというのである。

おそらく家康は、この近臣の言葉を耳にして、雨の中に行なわれた一年前の激闘のさまと、あれから今日に至るまでの苦闘の日々を、生々しく思い起こしていたであろう。

家康は関ヶ原で西軍を粉砕し、大勝利を得た。しかしこの時点においては、いまだ家康の前途は多難であった。合戦に勝利したとはいえ、西軍勢力が壊滅したわけではない。各

地方における両軍の死闘は、なおも続けられていたのである。戦局収拾のための処置を誤まれば、徳川陣営の崩壊につながるのだ。

一年前の勝利の夜、家康は藤古川台地の宿営で死んだように眠った。しかしその翌日の十六日には近江へ向かって進発していた。とても五十九歳とは思えぬ元気さである。十七日には平田山に登って石田三成の根拠佐和山の落城を見とどけ、その後近江八幡、草津と、いまだ戦火の余煙の残る街道を進み、九月二十日大津城に入った。大津の町も焼き払われ、城は半壊状態となっていたが、家康はここに約一週間滞在して慌しい毎日を過ごした。西軍の総帥毛利輝元を退去させた大坂城へ入ったのは、九月二十七日のことであった。

それから約半年を経た慶長六年三月、家康は京都伏見城に移り、関ヶ原合戦記念日の九月十五日も、この伏見の城で迎えたのである。その二カ月後の十一月、家康は江戸へ向かって旅立つことになる。が、考えてみれば、関ヶ原合戦後の一年間は、家康の生涯の中でも、最も重要な意義を持ち、また多忙をきわめた時期であったといえよう。この一年間こそが、家康の天下取りと開幕への道を固めさせたのであった。家康自身にとっても、まさに燃えた一年間であったにちがいない。

大坂無血開城

九月十七日（慶長五年）、家康は佐和山城攻めを観戦しながら、黒田長政・福島正則の

両人に命じて、大坂城にいる毛利輝元に対して、連署の書状を出させた。その内容は、

——今度豊臣家の奉行共が逆心を構えたので、家康公が関ヶ原へ出馬された。その際吉川広家・福原広俊らが輝元殿と毛利の家を大切に思って東軍に協力してくれた。家康公は輝元殿に対しても決して粗略に思ってはいない。

というものであった。

その頃、すなわち関ヶ原合戦後における家康の最大関心事といえば、西軍の総帥毛利輝元に奉じられた豊臣秀頼のいる大坂城の存在であった。秀吉の遺児から、輝元を一刻でも早く遠ざけなければならない。このまま金城鉄壁の大坂城を相手に籠城戦を強いられることになったら大変である。家康はそれこそ反逆の汚名をかぶせられ、世間を敵にまわすことになるのは必至だ。

家康の命を受けて、毛利輝元を大坂城から退去させる工作のために奔走したのは、この黒田・福島のほか、池田輝政・浅野幸長・藤堂高虎といった客将たちと、井伊直政・本多忠勝らの家康の腹心であった。彼らは相前後して大坂に入り、毛利方と折衝を重ねた。その際、諸将らが一様に強調したのは、関ヶ原合戦をひき起こした原因は石田三成らの奉行の逆心にあるとし、輝元の責任は問わず、毛利氏の領国をも保障するという条件であった。

これにより毛利輝元は大坂開城を決意し、九月十九日、黒田長政、福島正則に返書を認（したた）めて、

——御両人のお取り成しによって内府の御懇意を得られ、かたじけなく存ずる。分国安堵の御誓紙にあずかり、安堵いたしました。

と報じた。そして九月二十二日付で、井伊直政・本多忠勝の両名に宛て、

——我らの分国を相違なく安堵して下されるとのこと、かたじけない。この上は、我らも西ノ丸を明け渡します。今後は内府様に対して表裏別心は致しませぬ。

という誓書を提出し、二十四日には西ノ丸を退去して木津の毛利邸に移った。

翌二十五日には、毛利邸に、池田輝政・福島正則・黒田長政・浅野幸長・藤堂高虎の五名の連署になる起請文が届けられてきた。内容は、輝元に本領安堵の相違ないことを保証したものであった。

これを受け取った輝元は喜び、さっそく同日付で、吉川広家に手紙を書き、

——このたびの御気遣いまことに御苦労に存ずる。日頼様（元就）への追善もはたすことができました。小早川隆景はすでに亡く、秀秋のようなものが継いでいる。秀元もいまだ若年、貴殿の御気遣いのみが頼りである。

と感謝の意を表していた。

かくして家康の大坂無血開城作戦は成功した。しかも老猾（ろうかい）なほど巧妙な罠（わな）を仕掛けて、輝元と毛利氏一族を翻弄（ほんろう）したのであった。のちに明らかにされるように、分国安堵というのは、まったくの方便にすぎなかった。だいいち、家康自身としては、毛利に対して、後

日の証拠となるような手紙は、一通も与えてはいなかったのである。

九月二十七日、家康は大坂城に入り、秀頼と会見した。ついで西ノ丸を居所と定め、二ノ丸に秀忠を置き、大坂城を占領したのであった。

残党狩りとみせしめ

関ヶ原合戦後の数ヵ月間は、家康のみならず東軍方の諸将たちにとっても、休む暇もないほどの忙しい毎日であった。それは、西軍首謀者の捕殺と、その余党の掃蕩作戦のために全力を注がなければならなかったからである。

西軍諸将の中の島津惟新・長宗我部盛親らは取り逃がしてしまったが、小西行長を九月十九日、石田三成を同二十一日に、それぞれ伊吹山中で捕え、同二十三日に京都で捕えた安国寺恵瓊とともに、洛中を車に乗せて引きまわしたすえ、京都六条河原で処刑し、三条橋に梟首（きょうしゅ）した。十月一日のことである。

これら西軍の敗走者たちには、それぞれ逃亡と捕縛にまつわるさまざまなエピソードが語られている。

小西行長は、関ヶ原の庄屋林蔵主（りんぞうす）という者に捕えられた。のちに板坂卜斎がこの男からじかに聞いたという話によると、その時の模様は、林蔵主が山中で一人の落武者に呼びとめられ、

——われは小西摂津守なり。内府のもとへ連れて行き、褒美（ほうび）をもらえ。

と声をかけられた。林蔵主はおどろいて、

——とんでもない、もったいなきこと、少しも早く落ちていかれよ。

といった。すると行長は、

——自害することはたやすいが、われはキリシタンである。キリシタンの法に自害は禁じられている。

といい、かさねて家康陣所への連行を求めた。やむなく林蔵主は、ひとまず行長を自宅に隠し、関ヶ原領主の竹中重門の家老に事情を話したうえ、ともども行長を護衛して草津に向かい、村越茂助の陣へ連れていった。村越は行長に縄をかけ、林蔵主に褒美として黄金十両を与えたという。

石田三成は近江国伊香郡高時村の古橋の岩窟の中で、田中吉政配下の兵に捕えられた。『関ヶ原始末記』『田中系図』等によると、その時の三成の恰好は、ボロを身にまとい、兵糧米を少し持ち、破れ笠にて顔を隠し、草刈鎌を腰に差し、樵夫（きこり）の体をしていた。田中の兵が、

——何者ぞ！

と尋ねると、

——あやしいものではありませぬ。病のため休んでおります。

と答えた。しかし、薪を拾う山人にしては不審と思った田中の兵の中に、三成の顔を知っているものがいたので、ただちに見破られて捕えられた。

この小西行長と石田三成の逮捕について、『日本西教史』は両者を善悪対照的に記している。本書は、天正・慶長期前後に来日していたイエズス会宣教師が本国に通信した書翰等を、十七世紀末にフランス人のジアン＝クラセが編纂し、パリで刊行されたものであるが、そこに記されている内容は、宣教師来日当時のものである。同書では三成を「治部少輔」、行長を彼の洗礼名「ドム・オーギュスタン」とし、「此の時、治部少輔は其の身数多の重創を蒙り、其の志を達する能はずと雖も、屠腹するの勇なく、終に虜となり、オーギュスタンも不幸にして囚虜に就けり。治部少輔の割腹すること能はざるは、後に至りて自ら其の事を吐露せりと云ふ。オーギュスタンは自尽すること能はざるに非ず、唯天主の意に戻るを知り、天主の法を害するより、寧ろ刑死に就き、卑怯の人と見做(みな)さるゝを好めばなり。此れに由り之れを視れば、オーギュスタンは真実の大勇を全ふする者と謂ふ可き歟(か)」と記している。

安国寺恵瓊は伊吹山中の落武者狩りの網を抜けて京都に入るが、六条辺にひそんでいたのを探知され、奥平信昌に捕えられ、大津にいた家康の陣所に送られた。板坂卜斎の覚書には、逃亡中の恵瓊の逸話として、次のような醜聞を記している。

すなわちそれは、追求の手のきびしさに逃亡を観念した恵瓊の侍臣が、果て下さいませ。

——もはや逃がれられますまい。捕虜の辱しめを受けるよりは、私共の手にかかってお

と、一刀に首を斬ろうとした。しかし恵瓊が首をちぢめて逃げ回ったため、刀は乗物の屋根にあたり、恵瓊の右の頬先を少し傷つけただけであったという。

なお、西軍副総帥の宇喜多秀家を捕えて八丈島に流すのは、三年後の慶長八年のことであった。

さて、西軍にくみした諸大名の掃蕩は、この戦争が全国に及ぶものであっただけに、地域によって時間的な差異があったが、まず畿内周辺地域は、戦後約二週間ほどで、鎮圧に成功した。

西軍の前線基地となっていた美濃大垣城には、石田三成の聟(むこ)であった福原長堯(ながたか)を主将とする約五千の兵が守備していたが、九月十七日、城中に異変が起こった。それは相良頼房・秋月種長らが、同志であった熊谷直盛・垣見家純・木村勝正らを城中で殺害し、その首を東軍方に送って投降を求めてきたのであった。これを機として大垣城はその日のうちに開城した。石田三成の居城近江佐和山城が落ちたのも、同じ十七日であった。

九月二十日には、細川忠興が丹後田辺城を奪回し、さらに丹波亀山城の前田茂勝を降し、ついで小野木公郷の守る福知山城を包囲した。そして九月三十日には、関ヶ原を脱出して近江水口城に籠城していた長束正家を自殺させたのであった。

四国地方では、東軍方についた加藤嘉明の伊予松前城と、藤堂高虎の大洲城が、毛利輝元の部将宍戸元真を主将とする西軍の包囲を受けていたが、関ヶ原における西軍の敗報が伝えられるとともに、包囲軍は撤退していった。

九月末には東北地方へも関ヶ原合戦の模様が伝えられた。ここ東北では、これまで西軍方に味方した会津の上杉景勝の勢力が優勢にみえていたが、敗報に接すると士気が衰え、かわって最上義光・伊達政宗を中心とする東軍方の勢いが、にわかに強まった。

上杉景勝に対して、家康は大坂平定の後に再び出兵して討伐しようとしたが、結局は結城秀康の取り成しによって、景勝に上洛謝罪をさせ、講和している。

『上杉家御年譜』によれば、慶長六年正月の中旬、家康は大坂城西ノ丸において諸将と上杉景勝の処置について評議をしたが、その席上秀康が、景勝謀逆の実否が明らかでないこと、また武功の名家であることを説き、俸禄を減じて赦免することを進言したところ、満座の諸将らもこの意見に賛成した。そこで家康は二月上旬豊光寺の西笑承兌に命じて上杉の老臣直江兼続に音信させ、景勝の上洛陳謝を促した。これを受け容れた景勝は、七月一日に会津を発して上坂し、八月十六日大坂城西ノ丸に登城して家康に罪を詫び、臣従を誓った。これに対して家康は景勝の奥州会津、仙道等百二十万石余を収め、出羽置賜郡米沢および奥州福島において三十万石を領知すべきことを下知したのである。

残るは九州である。九州の諸大名のうち、豊前中津の黒田如水・長政父子、肥後熊本の加藤清正、肥前の有馬晴信・大村喜前らは東軍に属し、筑後柳川の立花宗茂、肥前佐賀の鍋島直茂、肥後宇土の小西行長、薩摩の島津龍伯・惟新、その他日向の高橋元種・秋月種長、肥後人吉の相良頼房らを主とする諸将は西軍に属し、互いに激しい攻防戦が展開された。

九州は、東西両軍の戦闘が最も長びいただけに、戦争の悲惨さと乱世の酷さとがよく現われている。家康は石田三成の根拠佐和山城攻めの先鋒として、関ヶ原における内応組の小早川秀秋・脇坂安治・朽木元綱・小川祐忠らを起用したが、この、あたかも「夷を以て夷を制す」ような方策は、九州における西軍残党の掃蕩戦でも終始用いられた。

すなわち、九月二十五日、伏見の家康に謁して罪を詫びた鍋島勝茂は、代わりに筑後柳川城の立花宗茂討伐を命じられ、十月二日にはさきに大垣城を明け渡して降服した相良頼房・秋月種長らが島津攻めを命ぜられた。そして十一月中旬に降服した立花宗茂は、鍋島直茂・勝茂父子とともに、黒田如水・加藤清正らの指揮する島津攻めに加えられていたのである。

ちなみに、『川角太閤記』には、鍋島直茂の、関ヶ原合戦における狡猾なほどの行動が書かれている。それは、直茂は、家康の会津出兵を知ると、銀子五百貫をもって、三人の家臣らに米を買い付けさせた。そして石田らが挙兵すると、西軍に一味しながらも、宇都宮にいた徳川秀忠に対して尾張から関東までの買い占め米の目録を送り、家康にも「さては鍋島心中は別条なし」との心証をいだかせていたというのである。

さて十二月に入ると、西軍の掃蕩戦はほとんど終わっていた。あとは島津を残すのみであった。この島津攻めには、西軍の総帥毛利輝元に命じて罪の償いをさせようという意見もあった。が、実行に移されぬまま、寒気を迎えるとともに、家康は島津攻めの中止を命じたのである。

なお、家康の対島津問題に終止符が打たれるのは、関ヶ原合戦から約一年半後のことである。家康は井伊直政や山口直友、船越景直らの近臣、あるいは黒田長政、寺沢広高らの九州に領地をもつ大名らを介して、島津と交渉させ、徳川への謝罪と臣従とを誓わせようとした。

ところが島津は遷延策を弄して、容易に応じようとしなかった。しかも、十月二十二日（慶長五年）付、寺沢広高宛の島津龍伯（義久）書状では、

——内府様の御恩は忘却していないが、秀頼様に対して忠節をつくすべき誓書を差し出していたことをとらえて、奉行衆らが迫ったので、君臣の道からもこれを拒絶することができず、ついに西軍に参加するに至った。もちろん我々に対する御懇情は決して忘れてはいないから、御諒解をいただけるようにお取り成し願いたい。

とか、あるいは、同十一月四日付の黒田長政宛惟新書状でも、

——自分は石田三成らの陰謀とは無関係である。内府様の御恩義は忘却していない。秀

頼様に対して誓書をたてまつっていたため、君臣の道に背くことができず西軍に加担をした。敗戦の後、大坂に赴いてこれらの事情を申し上げるべきであったが、あのような混乱の状況下において、無事に取り次いではもらえそうもないので、国元から申し上げようと思ってひとまず帰国をした次第である。自分は当分の間謹慎するから、委細は兄龍伯が申し上げるであろう。内府に対し、然るべくお取り成し願いたい。

などといって、弁明をしながらも、わが非を認める態度は示さなかったのであった。

そして、島津龍伯、忠恒を上洛させようとしてたびたび寄せられる徳川方からの要求に対しても、なかなか応ずる気配をみせなかった。その理由もふるっており、慶長六年十二月に書かれた惟新の書状では「少将事（忠恒）、尤も早々上洛致し、御礼申し上ぐべく候と雖も、爰許(ここもと)余り不如意きはまる身、罷り上る事今少し延引つかまつりたき」と、つまり上洛延期の理由を財政難のためなどといっていたのである。

こうして島津は、弱味をみせぬ強硬外交をとりつづけたまま、家康から領国安堵のお墨付を取りつけることに成功している。根負けした家康は慶長七年四月十一日付で、龍伯宛の誓書を認(したた)め、薩摩・大隅・日向の本領を全部龍伯に安堵し、これを忠恒に相続させることを許し、また惟新の罪をも問わないことを約束したのであった。

かつて島津氏は、関白秀吉に抵抗して征伐を受けながら領国を安堵され、今また家康に敵対しながら、無傷のまま家を保ったのである。この処置は、家康としても不本意であったと思われるが、戦後処理の長期化によっておこる社会の動揺を懸念してのことであろう。

関ヶ原合戦の際における島津氏の強硬外交は、家康に翻弄されきった毛利氏とは対照的な違いである。が、島津と毛利の、この関ヶ原の怨みが、三百年後における薩・長の討幕につながったともいわれている。

人心の鎮撫

九月十六日、家康は近江へ向けて出発するにあたり、関ヶ原領主の竹中重門に米千石を与えて、領地に迷惑を及ぼしたことを謝するとともに、戦場の死体を収拾して首塚を造ることや、損壊をこうむった付近の社寺の修復などを命じた。

近江在陣中の家康の草津や大津の宿所には、日夜近郷の百姓の代表者たちが押しかけてきた。表面は酒や肴を持参しての、戦勝祝いであったが、その内実は、禁制（きんぜい）すなわち生命や財産の安全を保障する法度（はっと）の文書を求めてきたのである。

故中村孝也氏の収集文書によれば、家康がこうした近郷の村々に対して与えた禁制は、九月十六日から二十三日までの一週間だけでも、四十通を数える。これに配下の部将の名をもってするものを加えれば、その数はさらに多数にのぼる。関ヶ原付近の農民たちのほとんどは、難を恐れて山中に潜み、あるいは知人を頼って遠くの村へ逃げ散っていたのであった。

九月十九日には、大津の家康のもとへ、京都では東軍乱入の噂が広まり、町中が動揺しているという報が届けられた。そこで家康は近臣らに対して、早く京都に上って禁中を守護するように命ずるとともに、市中の警戒を厳にして人心の鎮撫につとめさせた。

関ヶ原合戦は、天下分け目の戦いといわれたほどの大戦争であっただけに、世間に与えた後遺症も大きかった。関ヶ原付近では十月の中旬になっても、いまだに山奥に隠れていた百姓が少なくなかったという。家康の命により奉行の間宮彦次郎が、十月十九日付で、関ヶ原村の庄屋百姓に対して、

――安心して家に帰り麦作に従事せよ。

という触れを出していたほどであった。

しかしこうした世間の混乱も、新年を迎える頃までには、どうやら平静さをとり戻したようである。

なお、関ヶ原合戦を通じて、公家社会は傍観的であったといえる。近衛前久(さきひさ)の手紙や、醍醐寺座主(ざす)義演、西洞院時慶(ときよし)などの日記には、時折当時の風聞も見えているが、いずれも自己の判断や論評は避けているように思われる。これは、中央政界の権力者があいついで変わった戦国乱世における、公家社会の潜在的な自己防衛本能によるものであろう。

後陽成朝廷も、この戦争が武家政権内部における権力闘争であっただけに、東西両陣営に対しては、終始消極的な態度でのぞんでいたようである。慶長五年六月八日、家康の会

津出征にあたって、権大納言勧修寺晴豊を遣わして曝布百端を賜わったが、いっぽう大坂方に対しても、七月十七日権大納言広橋兼勝を大坂城に遣わして秀頼を慰問させ、同二十二日にも参議西洞院時慶を遣わして、秀頼以下の諸将を慰労させている。大坂城への重ねての勅使派遣は、京都に近い大坂に対する社交儀礼であろうが、同時に、上方に集結している西軍の兵士らによる乱暴狼藉を制しようという思惑もあったらしい。その効果によってか、九月十二日には、毛利輝元の命によって、西軍将士に御料所山城山科郷に陣取等の不法をなすことが禁ぜられている。

そして天下分け目の決戦が行なわれた九月十五日、秀頼は禁中内侍所に御神楽を奏せんことを請い、黄金五枚を献じた。が、朝廷はこのことに関しては格別な反応を示さなかった。しかし、九月二十日には右大弁勧修寺尹豊を近江大津にいた家康のもとに遣わして慰労させた。家康の政治的立場を公認したわけである。合戦後数日来、京都では東軍乱入の噂が広まっていたが、家康は福島正則、黒田長政らに禁中の守護を命じ、伊奈図書昭綱を派して取り締まらせていたため、市中の混乱はまぬがれた。京都は上下をあげて、関ヶ原合戦の勝者家康の勢力を歓迎したのであった。

論功行賞と処罰

九月二十七日、大坂城に入った家康は、井伊直政・本多忠勝・榊原康政・本多正信・大久保忠隣・徳永寿昌の六人に命じ、関ヶ原合戦における諸将の勲功調査をさせた。

戦功に対する賞賜は、主従関係における一つの重要なきずなでもある。行賞は、とくに戦功顕著な場合は別にして、普通は、まず部下の将士が、主将に対して自分の軍功を上申する文書である軍忠状を提出し、これを審議した上でなされる。

関ヶ原合戦に関する東西両陣営の文書の多くは、各地における戦闘の報告と、それに対する両陣営首脳の返書である。これも後日の恩賞を考えてのことであろう。将士たちは、自己の戦功を報告するとともに、時には敵兵の首や鼻、遺品等を添えて送ることもあった。福島正則、池田輝政らも、岐阜城攻落の際に討ち取った敵兵の鼻を、東海道西上中の家康のもとに送り届けていた。家康はこれを九月二日藤沢で受領し、同日付で両名に対して書状を与え、「早々鼻おびたゝ敷持ち給はり、上下万民悦び入り候」といって嘉賞している。

文禄慶長の役では、外地から朝鮮や中国兵の鼻を塩漬けにして樽に詰めて送ってきたというから、この福島、池田らが家康に送ったそれも、同様のものであったのだろう。

賞賜は多くの場合、その戦功を褒賞する感状とともに行なわれる。むろん所領の加増というのが一番の恩賞であるが、与える土地には限界があったため、物品その他を与えることも行なわれた。戦国期の賞賜品の主なものは太刀・馬・黄金・銭貨であるが、そのほか名誉・格式といった栄典を与えることもあった。

論功行賞は、即日になされることもあるが、日時のかかる場合もあった。関ヶ原合戦の際、井伊直政以下六人による諸将の勲功調査をもとにして、家康が論功行賞を発表したのは、十月十五日であった。

もちろんこの日の発表がすべてではない。除封や減封など、西軍諸将に対する処置と平行させながら、こののち一年半余にわたって逐次新しい発表が加えられたのである。

この論功行賞により、東軍に味方した諸将はいずれも優待されて所領を増やしたが、西軍に加担した大名の運命はじつに惨憺たるものであった。『新訂幕藩体制史の研究』を書いた藤野保氏の研究によれば、西軍にくみした外様大名八十八名を改易にしてその所領四百十六万一千八十四石を没収し、さらに五名の大名の減封地を合わせると、没収総高は九十三名の六百三十二万四千百九十四石という膨大な額となり、これは全国総石高の実に三十四％にも及んだという。

西軍諸将の中の主なものをあげると、石田・小西・宇喜多・安国寺・長束・大谷らの領地は当然没収され、家も滅んだ。毛利は吉川広家の奔走むなしく、備後・備中・安芸・因幡・伯耆・出雲・隠岐・石見の八ヵ国を削られ、周防・長門の二ヵ国となり、禄高は百二十万五千石から、三十六万九千石に転落した。また上杉景勝は会津百二十万石から米沢三十万石に減封。その他西軍に味方した諸将は、島津を除けばほとんどは領地を失ったり、減らされている。佐竹のように東西いずれに属するか、態度がはっきりしていないという理由から減封になった者もいた。そしてこれらの空白地は、東軍に味方した諸将に与えら

関ケ原戦前の配置図
（1600年頃）

関ケ原戦後の配置図
(1614年頃)

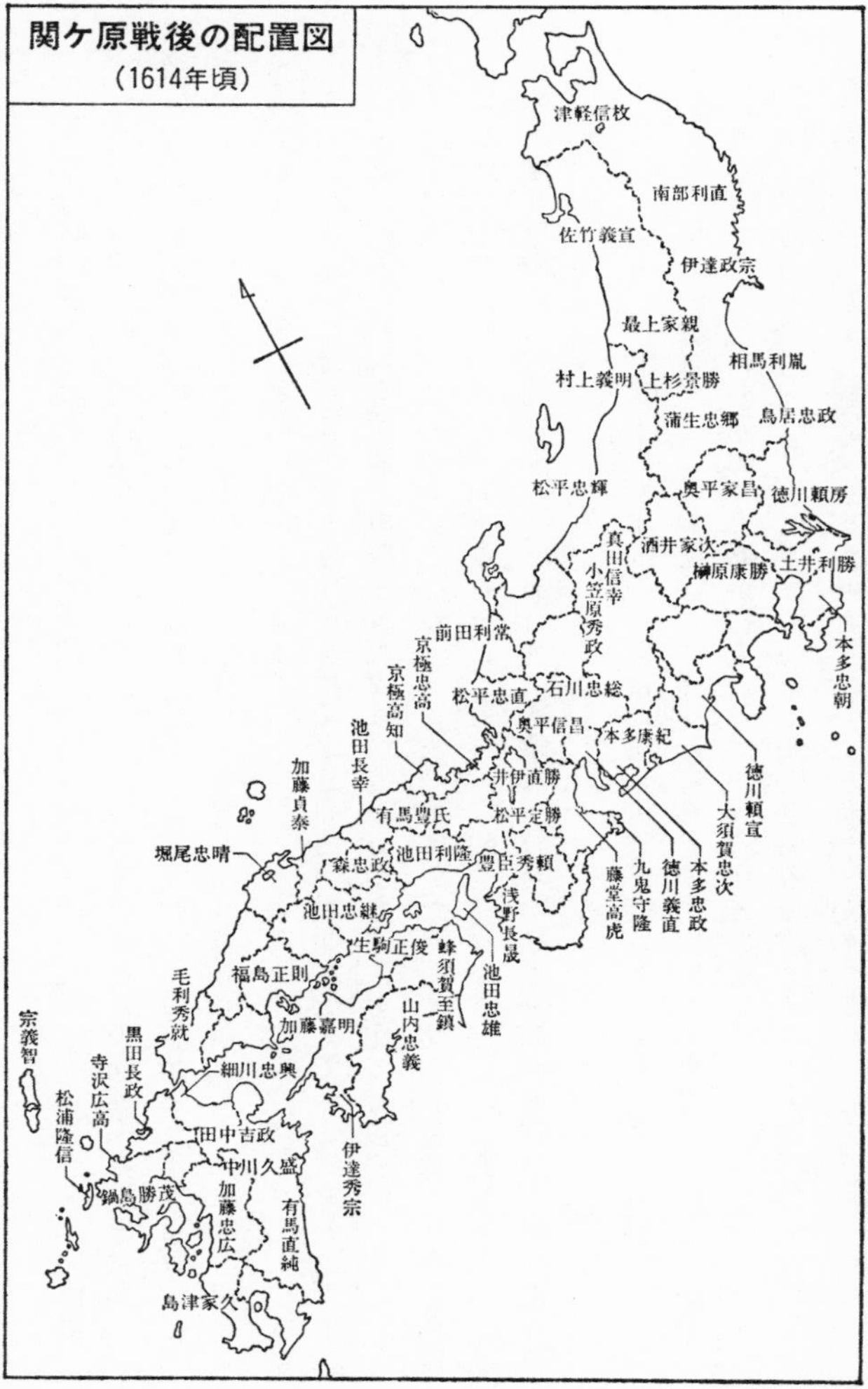

れたのである。

関ヶ原合戦の途中で寝返った小早川秀秋と、脇坂安治・朽木元綱・小川祐忠・赤座直保の五名のうち、小早川秀秋は、宇喜多の旧領五十一万石に封ぜられ備前岡山城主に栄進し、脇坂安治も所領の三万三千石を安堵された。しかし朽木元綱は二万石から九千五百五十石に減らされ（のち所領安堵）、小川祐忠と赤座直保の両人には恩賞もなく、ついには所領を没収されている。実に厳しい処置といえよう。

なお『当代記』には、この時の論功行賞に関する面白い風聞を伝えている。それは、小川祐忠が内応しながらも所領を没収されたのは、彼がいつも弱きを捨てて強きにつくということを諸人が訴えたためであるという。また大坂城にいた奉行の増田長盛は、所領没収のほかに金千九百枚と銀五千枚を差し出して命だけは助けられたというのである。

この関ヶ原戦後の賞罰に際して、最も強い衝撃を受けたのは毛利輝元と吉川広家であったろう。

これよりさき、毛利輝元の西軍加担の罪は、吉川広家が確約した毛利一族の戦闘への不参加によって償われることになっていたし、また、輝元の大坂城西ノ丸退去に際して交わされた誓書でも、毛利の分国の安堵が約束されていたはずである。

しかし、結局その約束は反故にされている。家康は黒田長政に命じ、大坂にいた吉川広家に宛て、あらためて起請文を書かせた。十月二日付で、その主旨は、

──輝元が奉行共に一味して、大坂城西ノ丸に移り、諸方への数々の廻状に署判を加えた上、西国へ出兵させたことが明らかとなったので領国を没収する。ただし広家は律義だから、内府様直々の御墨付をもって、中国の内に一、二カ国下されることに決まった。井伊直政より呼び出しがあったなら、三、四人の供まわりだけを召しつれて参られよ。ただしその際には、槍などの武器は無用である。

というものであった。

これを受け取った広家は仰天し、翌十月三日、福島正則、黒田長政に血判起請文を認め、わが身にかえて毛利家の存続を嘆願するとともに、以後、決して輝元に逆意を抱かせるようなことはさせないと誓った。そしてまた同日付の別便を黒田長政に送り、助力を切々と訴えた。

こうした広家の、毛利家の安泰を思う気持が家康の心を動かしたのか、十月十日、家康は毛利輝元・秀就父子に宛て起請文を認め、広家に与えるつもりであった周防・長門の二カ国を毛利に与えることを約束したのであった。しかもこの起請文は、関ヶ原合戦に際して、家康が直接毛利に与えたはじめての文書であったのである。

徳川陣営防衛体制の強化

家康は関ヶ原合戦後、西軍にくみした外様大名を改易または減封にして総高六百三十二万四千百九十四石の没収地を獲得した。この土地は東軍に属して功労のあった外様大名に恩賞として配分するとともに、徳川一門・譜代に分け与えたり、あるいは直轄領に組み入れたりしたが、これはのちの幕藩領国体制の基礎を固めるものとなった。

このうちの外様大名への配分は、出羽山形の最上義光や肥後熊本の加藤清正のように、旧領にそのまま留めおかれて加増されたものもあるが、多くの場合は加転されている。例えば、下野宇都宮の蒲生秀行は、十八万石から六十万石に加増されて陸奥会津へ、尾張清洲二十万石の福島正則は四十九万八千石余に加増されて安芸広島へ、三河岡崎十万石の田中吉政は、三十二万五千石に加増されて筑後柳川へといった具合である。

関ヶ原合戦で東軍に属した豊臣系の外様大名は恩賞として高禄を加増されている。しかし彼らが転封された地は、奥羽や四国・中国・九州など、いずれも遠隔の地であった。家康は外様大名たちに対して〝御恩〟の名のもとに加増を行ないながら、その実は、徳川陣営から距離を隔てた辺境地帯へと追いやったのである。

次に直轄地の拡大と、徳川一門・譜代への分与である。関ヶ原以前における家康の直轄地は、関東を中心におよそ二百五十万石であったが、戦後は東海道の要地をも収めて約四百万石を直轄地とし、郡代・代官を配置した。これがいわゆる天領（てんりょう）である。

そして残りは徳川一門や譜代の将士に与えられ、のちの親藩・譜代大名・旗本の原型がつくられた。

すでに関ヶ原以前にも、徳川家臣の中に一万石以上を有する者が四十家ほどあったが、これはいわば家人大名といったところで、対外的には独立性をもたなかった。しかし戦後家康は、彼ら家人大名に加封を与えて独立させるとともに、さらに新規の大名群をつくっている。その数は二十八家、これに関ヶ原以前までに一万石以上を与えられていた四十家を加えると、徳川一門・譜代大名は六十八家にのぼる。なお、一万石以下の旗本に与えられた地は知行所とよばれ、その総石高は約二百六十万石余であった。

譜代大名は、徳川陣営防衛体制の要(かなめ)であった。だからその配置は軍事的な拠点に重きがおかれた。常陸水戸十五万石に封ぜられた徳川一門の武田信吉は、磐城平の鳥居忠政、上野館林の榊原康政、下野宇都宮の奥平家昌らとともに東北諸大名に対する押さえであった。また東海・近畿を結ぶ要地の尾張には松平忠吉の五十二万石、そして北陸・近畿を結ぶ要衝の越前には結城秀康の六十七万石を配した。関ヶ原合戦まで石田三成のいた近江佐和山に井伊直政の十八万石を置いたのも、大坂になお残る豊臣秀頼に備えたものであった。

天下取りへの基礎固め

関ヶ原合戦で東軍に属した諸将はいずれも領地を拡大したが、家康自身も二百五十万石から一躍四百万石となり、最大最強の大名としての地位を不動のものとした。家康の四百万石の直轄地は、統一政権樹立のための重要な資産であった。前代の織豊政権は、貢租徴収地としての直轄地のほかに、主要な都市・港湾・河川、それに鉱山や山林・牧場などをも直轄の対象としていたが、家康も関ヶ原戦勝後、ただちにこうした種々の要地の直轄化に着手している。

すなわち、家康が戦後一年ほどの間に直轄とした都市や鉱山等の主なものをあげると、まず主要都市としては江戸・京都・伏見・大津・堺・尼崎・奈良・山田・長崎などがある。とくに京都には所司代を置いて公家および西国大名を監視させ、長崎奉行には外国貿易を管理させた。また重要鉱山としては石見大森銀山・但馬生野銀山・佐渡金山・伊豆金銀山・常陸金山などがあげられる。家康はこうした主要鉱山を直轄とするとともに、貨幣制度の確立をめざし、京都伏見に銀座を設けて後藤光次に大判・小判・一分判を鋳造させ、湯浅常是（じょうぜ）に丁銀・豆板銀を鋳造させている。

家康が行なったこうした主要都市や要地の直轄政策は、徳川一門・譜代大名の配置にみられる軍事的な防衛体制の確立とともに、徳川氏の覇権確立のための重要な礎石となったのである。

家康が将軍宣下（せんげ）を受けて江戸に幕府を開設したのは慶長八年（一六〇三）二月十二日、関ヶ原戦勝の日から約二年半後のことであった。

関係略年表

慶長三年（一五九八年）

八月一八日　豊臣秀吉、伏見城で没す。六十二歳。子秀頼継ぐ。
八月一九日　徳川秀忠、江戸帰国のため伏見を発す。
八月二五日　徳川家康および前田利家、秀吉の喪を秘して徳永寿昌・宮木豊盛を朝鮮に派遣し、諸将に命じて和を講じ、軍を帰国させる。
八月末　徳川家康および前田利家、毛利秀元・浅野長吉（長政）・石田三成らを筑前博多に赴かせ、朝鮮在陣の諸軍を撤収させる。三成ら十二月に伏見に帰る。
九月　三日　徳川家康・前田利家ら、豊臣秀頼に忠誠を誓う。また徳川家康らの年寄衆（五大老）、石田三成らの五奉行と誓約する。
十一月八日　毛利輝元、石田三成らを招き、筑前博多に茶会を行なう。

慶長四年（一五九九年）

一月　三日　島津惟新（義弘）の兄龍伯（義久）、徳川家康と往来したため、豊臣氏の奉行石田三成これを詰問する。この日龍伯、惟新・忠恒父子に誓書を与え、異心なきことを誓う。
一月一〇日　豊臣秀頼、父秀吉の遺命により山城伏見城より大坂城に移る。

一月一九日	徳川家康、有馬則頼の伏見邸に舞を見る。藤堂高虎、石田三成の陰謀を告げる。
二月　二日	これよりさき、徳川家康、伊達政宗・福島正則・蜂須賀一茂（家政）らと婚を約したが、前田利家らの年寄衆、五奉行らに詰問されたため、この日家康、前田利家らと誓書を交換して和解する。
二月二九日	これよりさき、石田三成ら豊臣氏の奉行、徳川家康の排斥をはかる。この日前田利家、山城伏見に至り家康と和し、向島に移ることを勧める。
三月一一日	徳川家康、大坂に赴き前田利家の病気を見舞う。石田三成ら家康を襲おうとしたがはたせず。
三月二三日	これよりさき、加藤清正・鍋島直茂・毛利吉政・黒田長政ら、小西行長と戦功を争って敗訴す。この日清正ら、これを糺明することを豊臣氏の年寄衆に請う。
三月二六日	徳川家康、山城伏見の向島に移る。
閏三月三日	前田利家大坂で没する（六十二歳）。
閏三月四日	これよりさき、加藤清正・黒田長政らの諸将、石田三成を除こうと謀る。この日三成大坂より山城伏見に逃がれ、徳川家康に頼る。家康、諸将に説き、三成を近江佐和山に蟄居させる。
閏三月一三日	徳川家康、山城伏見城西ノ丸に移る。
閏三月二一日	徳川家康、毛利輝元に異心なきことを誓う。
四月　二日	徳川家康、島津惟新・忠恒父子に異心なきことを誓う。
六月　四日	毛利輝元の養子秀元、徳川家康に通ずることなきを安国寺恵瓊に誓う。
六月	この月、山城伏見にあった諸大名帰国する。
七月二九日	徳川家康、豊前中津の黒田長政に、五奉行との和解が成ったことを報ずる。
九月二八日	徳川家康、伏見城より大坂城西ノ丸に移る。
十月　二日	徳川家康、大野治長・土方雄久らの家康暗殺計画の罪を糺し、治長・雄久を常陸に流し、浅野長吉を甲斐に蟄居させる。
十月二四日	徳川家康、細川（長岡）忠興の前田利長と通ずるを疑う。忠興の父幽斎、異心なきことを家康に

十一月二〇日　これよりさき、出羽仙北郡の戸沢政盛、密かに陸奥会津の上杉景勝の動静を徳川家康に報ずる。

誓う。

十一月　この日家康、これに答える。

十二月　この月、細川忠興、徳川家康に誓書を進める。

この冬、徳川家康、加賀金沢の前田利長の異心あるを聞き、軍を起こそうとする。利長、老臣横山長知を派し、他意なき旨を陳述させる。

慶長五年（一六〇〇年）

一月　一日　豊臣秀頼、諸大名の参賀を大坂城に受ける。また諸大名、同城西ノ丸の徳川家康に歳首を賀す。

一月二五日　細川忠興、その子光千代を質として江戸に送る。

一月　この月、家康、大坂城西ノ丸に能を興行し、諸将を饗す。

一月　この月、家康、下総古河の小笠原秀政の娘を養女とし、これを阿波徳島の蜂須賀一茂（家政）の長子豊雄（至鎮）に嫁がせる。

二月　一日　家康、信濃川中島の田丸忠昌を美濃兼山に移して、同国恵那・土岐・可児三郡の地を与え、同国兼山の森忠政を信濃川中島に移し更級・水内等四郡の地を与える。

二月　二日　陸奥会津の上杉景勝、出羽仙道諸城の修築を督励する。

二月　七日　家康、細川忠興に豊後杵築六万石を加増する。ついで忠興、老臣松井康之にこれを守らせる。

三月一〇日　これよりさき、島津龍伯および同忠恒、家康の調議をいれ、伊集院忠真の罪を赦し、一万石の地を給す。この日忠真降伏し、諸城を開く。

三月　この月、越後春日山の堀秀治の老臣同直政、上杉景勝の動静を家康に報じる。

三月　この月、上杉景勝の臣藤田信吉、景勝が石田三成に応ずることの非を説いて老臣直江兼続と対立。

兼続、景勝に勧めてこれを誅せんとするにより、信吉会津を去り、江戸を経て入京する。

四月　一日　家康、京都相国寺の豊光寺承兌（西笑）に、上杉景勝の非道を条記させ、これを老臣直江兼続に送り、入京を促す。ついで兼続、家康の使者伊奈昭綱に答える。

四月二七日　島津惟新、家康に大坂城で会し、伊集院忠真との調停の労を謝す。家康会津出征にあたり、惟新に伏見城留守の任を託す。

五月　三日　家康、会津の上杉景勝の老臣直江兼続の答書を見て怒り、諸大名に出征令を下す。

五月　七日　堀尾吉晴・生駒親正・中村一氏、および豊臣氏の奉行前田玄以・増田長盛・長束正家ら、家康に会津出征の中止を請う。

五月一七日　これよりさき、前田利長、家康と和を講じ生母芳春院を質とする。この日家康、これを江戸に送る。

六月　二日　家康、関東の諸将に会津出征の期日を告げ、軍備を命ずる。

六月　六日　家康、諸将を大坂城に集め、会津遠征の部署を定める。家康・秀忠父子は白川口から、佐竹義宣は仙道口から、伊達政宗は伊達・信夫口から、最上義光は米沢口から、前田利長は越後津川口からと定める。

家康、下総多胡の保科正直の娘を養女とし、黒田長政に嫁がせる。

六月　八日　後陽成天皇、家康の会津出征にあたり、権大納言勧修寺晴豊を大坂に遣わし、曝布百端を賜わる。

六月一〇日　上杉景勝、家康の遠征計画を知り、部下の将士に訓示し、奮起を促す。

六月一五日　豊臣秀頼大坂城西ノ丸に赴いて家康と会し、黄金二万両・米二万石等を送る。

六月一六日　家康、諸将を率いて大坂を発し山城伏見城に入る。

伊達政宗、伏見を発して帰国する。ついで最上義光・佐竹義宣・南部利直らもまた帰国する。

六月一八日　家康、伏見城を発し、会津遠征の途につく。同夜、近江石部に泊ろうとしたが、水口城主長束正家らの夜襲計画を察知し夜半にわかに出発して伊勢関に向かう。

六月二〇日	石田三成、上杉景勝の老臣直江兼続に家康の伏見出陣を告げ、上杉氏の軍略を問う。
六月二二日	家康、三河吉田に着し、城主池田輝政の饗応を受ける。
六月二三日	家康、遠江浜松城に入り、城主堀尾忠氏の饗応を受ける。
六月二九日	家康、相模藤沢より鎌倉の鶴岡八幡宮に詣で、戦勝を祈る。
六月	この月、家康、武蔵深谷の松平康直の娘を養女とし有馬豊氏に嫁がせる。
七月　二日	徳川秀忠、父家康を武蔵品川に迎え、ともに江戸城に入る。
七月　七日	家康、会津出陣の期日を定め、軍令を下す。
七月一一日	石田三成、東下途中の大谷吉継を美濃垂井から佐和山城に迎え家康討伐を密議する。
七月一二日	大谷吉継・増田長盛・安国寺恵瓊ら、石田三成の佐和山城に会し、毛利輝元を主将に迎えることを議す。ついで増田長盛、これを家康に密告する。
七月一七日	毛利輝元、大坂城西ノ丸に入り、豊臣秀頼を擁立して西軍の総帥となる。 豊臣氏の奉行長束正家・増田長盛・前田玄以、家康の罪科十三ヵ条を挙げ、諸大名に家康討伐の檄文を送る。これよりさき、三成、東下した諸大名の妻子を大坂城中に収め人質としようとする。この日細川忠興の妻明智氏（ガラシャ）これを拒み、自殺する。
七月一九日	家康、江戸において増田長盛の変報に接する。
七月二〇日	大谷吉継、信濃上田の真田昌幸・信繁（幸村）父子に上方の形勢を報じ、豊臣秀頼のために助力を求める。 大谷吉継ら、細川忠興の老臣・豊後杵築の守将松井康之に、豊臣秀頼のために助力を求む。康之これに答えず。
七月二一日	家康、会津征伐のため江戸を出発する。
七月二四日	家康、下野小山に着陣。翌日、諸将を集めて上方の異変を告げ、軍議する。
七月二九日	石田三成、近江佐和山より伏見に到着。

八月　一日	西軍、伏見城を攻落。城将鳥居元忠、松平家忠ら戦死する。
八月　二日	前田利長、弟利政と加賀大聖寺城を攻落。城将山口宗永・修弘父子自殺する。
八月一〇日	石田三成、美濃大垣城に入る。
八月一二日	家康、細川忠興に但馬一国加増、加藤清正に肥後・筑後を与えることを約束する。
八月一四日	家康、志摩鳥羽の九鬼嘉隆の子守隆に、南伊勢五郡を与えることを約し、忠節を促す。
八月二〇日	石田三成、島津惟新の兵をして美濃墨股を守らせる。
八月二二日	福島正則・池田輝政ら木曽川を渡り竹ヶ鼻城を落とし、岐阜城に向かう。
八月二三日	福島正則・池田輝政・細川忠興・加藤嘉明・浅野幸長・一柳直盛・井伊直政・本多忠勝ら東軍諸将、織田秀信の美濃岐阜城を攻落。秀信降り、薙髪して紀伊高野山に入る。
八月二四日	西軍鍋島勝茂ら、古田重勝を伊勢松坂城に攻囲し、これを降す。 東軍東海道先発隊、赤坂の高台を占拠。大垣城に対峙する。 徳川秀忠の率いる東山道（中山道）西上軍、下野宇都宮を発し信濃に向かう。
八月二五日	毛利秀元、伊勢安濃津城を攻落する。
八月二六日	石田三成、美濃大垣より近江佐和山城に帰る。
九月　一日	家康、兵三万を率いて江戸を進発、西上の途につく。徳川秀忠、信濃軽井沢に至る。
九月　三日	大谷吉継、越前より美濃に入り、山中村に陣す。 家康、小田原に入る。徳川秀忠小諸に着す。
九月　四日	家康、伊豆三島に着す。
九月　五日	家康、駿河清見関に着す。
九月　六日	家康、駿河島田に着す。徳川秀忠、上田城の真田昌幸を攻めるため染谷村に陣す。
九月　七日	家康、遠江中泉に着す。 毛利秀元・吉川広家、伊勢より美濃に入り南宮山に陣す。

九月　八日　家康、遠江白須賀に着す。この日小早川秀秋の使者家康の宿所に至る。
九月　九日　家康、三河岡崎に着す。
九月一〇日　家康、尾張熱田に着す。徳川秀忠、上田城攻めを中止し、翌日、美濃に向かう。
九月一一日　家康、尾張一宮に藤堂高虎と会し、ついで同国清洲城に入る。
九月一三日　家康、尾張清洲を発し岐阜に着す。先鋒の諸将来謁す。細川幽斎、勅命を受けて丹後田辺城を開く。
九月一四日　家康、岐阜を発し、正午頃赤坂に到着。
　この夜、西軍大垣城を出、関ヶ原に移動。赤坂の東軍これを追う。
　この夜、京極高次の大津城落ちる。
九月一五日　美濃関ケ原において大会戦、東軍圧勝する。
九月一六日　東軍、石田三成の佐和山城攻めを開始する。
九月一七日　佐和山城陥落、石田正継・同正澄ら自殺する。家康、平田山で佐和山落城を見る。
　西軍の美濃大垣城開城される。
九月一八日　家康、近江八幡に着す。
九月一九日　家康、草津に着す。
　小西行長、伊吹山中で捕えられる。
九月二〇日　家康、大津城に入る。後陽成天皇勅使を遣わされて家康を慰労する。
九月二一日　石田三成、伊吹山中で捕えられる。
　肥後熊本の加藤清正、小西行長の同国宇土城を攻落する。
九月二三日　安国寺恵瓊、京都で捕えられる。
九月二四日　毛利輝元、大坂城西ノ丸を退去する。
九月二七日　家康、大坂城西ノ丸に入る。

九月三〇日——池田輝政、長束正家の近江水口城を攻落、正家自殺する。
十月　一日——上杉景勝の老臣直江兼続、美濃関ヶ原の敗報を聞き、出羽最上より撤兵する。
　　　　　　石田三成、小西行長・安国寺恵瓊ら、京都六条河原で斬首される。
十月一五日——家康、関ヶ原における諸将の論功行賞を発表する。

合戦後諸大名配置一覧（慶長五～七年、五十音順）

本表は『寛永諸家系図伝』『寛政重修諸家譜』『断家譜』『恩栄録』『廃絶録』、中村孝也『徳川家康文書の研究』中巻、藤野保『新訂幕藩体制史の研究』等を参照して作成した。なお○印は徳川一門・譜代大名、万石単位とし、千石未満は四捨五入した。

〔封土加増〕

大名名	旧封地	石高(万)	新封地	石高
○青山忠政	相模中郡	〇・七	両総ノ内	一・八
浅野長重		―	下野真岡	二・〇
浅野幸長	甲斐府中	一六・〇	紀伊和歌山	三七・七
○阿部正次	武蔵鳩谷	〇・五	武蔵鳩谷	一・〇
○天野康景	下総大須賀	〇・五	駿河興国寺	一・〇
有馬豊氏	遠江横須賀	三・〇	丹波福知山	六・〇
有馬則頼	播磨三木	一・〇	摂津三田	二・〇
○井伊直政	上野高崎	一二・〇	近江佐和山	一八・〇
池田輝政	三河吉田	一五・二	播磨姫路	五二・〇
池田長吉	近江ノ内	三・〇	因幡鳥取	六・〇
生駒一正	讃岐高松	一五・〇	讃岐高松	一七・三
○石川康通	上野鳴戸	二・〇	美濃大垣	五・〇
市橋長勝	美濃今尾	一・一	美濃今尾	二・〇
○稲垣長茂	上野ノ内	〇・三	上野伊勢崎	一・〇
稲葉貞通	美濃八幡	四・〇	豊後臼杵	五・〇
稲葉通孝	美濃中山	〇・五	豊後ノ内	一・四
稲葉道通	伊勢岩手	二・六	伊勢田丸	四・六
宇喜多成正		―	石見津和野	三・〇
遠藤慶隆	美濃小原	〇・八	美濃八幡	二・七
○大久保忠佐	上総茂原	〇・五	駿河沼津	二・〇
○大久保忠常		―	武蔵騎西	二・〇
大島光義	摂津太田	〇・八	美濃関	一・八
大関資増	下野黒羽	一・三	下野黒羽	二・〇
大田原晴清	下野大田原	〇・八	下野大田原	一・二
○小笠原秀政	下総古河	三・〇	信濃飯田	五・〇

○奥平家昌		—	下野宇都宮	一〇・〇
○大須賀忠政	上総久留里	三・〇	遠江横須賀	六・〇
織田有楽	摂津味舌	二・〇	大和ノ内	三・〇
片桐且元	摂津茨木	一・二	大和龍田	二・八
加藤清正	肥後熊本	二五・〇	肥後熊本	五二・〇
加藤嘉明	伊予松前	一〇・〇	伊予松山	二〇・〇
金森長近	飛驒高山	三・八	飛驒高山	六・一
亀井玆矩	因幡鹿野	一・四	因幡鹿野	三・八
蒲生秀行	下野宇都宮	一八・〇	陸奥会津	六〇・〇
木下延俊	播磨ノ内	二・五	豊後日出	三・〇
京極高次	近江大津	六・〇	若狭小浜	九・二
京極高知	信濃飯田	一〇・〇	丹後宮津	一二・三
九鬼守隆	志摩鳥羽	三・〇	志摩鳥羽	五・五
黒田長政	豊前中津	一八・〇	筑前福岡	五二・三
桑山元晴	大和ノ内	〇・八	大和葛上	一・〇
小早川秀秋	筑前名島	三五・七	備前岡山	五一・〇
小堀正次	大和ノ内	〇・五	備中ノ内	一・四
○酒井重忠	武蔵川越	一・〇	上野厩橋	三・三
○酒井忠利	武蔵川越ノ内	〇・三	駿河田中	一・〇
○酒井忠世	武蔵川越ノ内	〇・五	上野那波	一・〇
佐久間安政	近江小河	〇・七	近江高島	一・五
里見義康	安房館山	九・〇	安房館山	一二・〇
真田信幸	上野沼田	二・七	信濃上田	九・五
○菅沼定仍	上野阿保	一・〇	伊勢長島	二・〇
○菅沼忠政	上野吉井	二・〇	美濃ノ内	八・〇
○諏訪頼水	上野総社	一・二	信濃高島	二・七
○武田信吉	下総佐倉	四・〇	常陸水戸	一五・〇
竹中重利	豊後高田	一・〇	豊後府内	二・〇
田中吉政	三河岡崎	一〇・〇	筑後柳川	三二・五
伊達政宗	陸奥岩手沢	五八・五	陸奥岩手沢	六〇・五
津軽為信	陸奥弘前	四・五	陸奥弘前	四・七
○土屋忠直	相模ノ内	〇・一	上総久留里	二・〇
寺沢広高	肥前唐津	八・〇	肥前唐津	一二・〇
藤堂高虎	伊予板島	八・〇	伊予今治	二〇・三
遠山友政		—	美濃苗木	一・一
戸川逵安		—	備中庭瀬	三・〇
徳永寿昌	美濃松木	三・一	美濃高須	五・一
○戸田一西	武蔵鯨井	〇・五	近江膳所	三・〇
○戸田高次	伊豆下田	〇・五	三河田原	一・〇
富田信高	伊勢安濃津	五・〇	伊勢安濃津	七・〇
○鳥居成次		—	甲斐郡内	一・八
○鳥居忠政	下総矢作	四・〇	陸奥磐城平	一〇・〇
○土井利勝	武蔵ノ内	〇・二	下総小見川	一・〇
○内藤信成	伊豆韮山	一・〇	駿河府中	四・〇

○内藤政長	上総佐貫	二・〇	上総佐貫	三・〇
中村忠一	駿河府中	一四・五	伯耆米子	一七・五
那須資清	下野那須	一・五	下野那須	一・七
西尾光教	美濃曽根	二・〇	美濃揖斐	三・〇
○西尾吉次	武蔵ノ内	〇・五	武蔵原市	一・二
○根津信政	信濃ノ内	〇・五	上野豊岡	一・〇
蜂須賀至鎮	阿波徳島	一七・七	阿波徳島	一八・七
一柳直盛	尾張黒田	三・五	伊勢神戸	五・〇
○平岩親吉	上野厩橋	三・三	甲斐府中	六・三
福島正則	尾張清洲	二〇・〇	安芸広島	四九・八
福島正頼	伊勢長島	一・〇	大和松山	三・〇
古田重勝	伊勢松坂	三・四	伊勢松坂	五・五
○保科正光	下総多胡	一・〇	信濃高遠	二・五
細川忠興	丹後宮津	一八・〇	豊前小倉	三九・九
堀尾忠氏	遠江浜松	一七・〇	出雲松江	二四・〇
○本多康重	上野白井	二・〇	三河岡崎	五・〇
○本多康俊	下総小笹	〇・五	三河西尾	二・〇
前田利長	加賀金沢	八三・五	加賀金沢	一一九・五
○松平家清	武蔵八幡山	一・〇	三河吉田	三・〇
○松平家乗	上野那波	一・〇	美濃岩村	二・〇
○松平定勝	下総小南	〇・三	遠江掛川	三・〇
○松平信一	下総布川	〇・五	常陸土浦	三・五
○松平忠明	上野長根	〇・七	三河作手	一・七
○松平忠輝	武蔵深谷	一・〇	下総佐倉	五・〇
○松平忠吉	武蔵忍	一〇・〇	尾張清洲	五二・〇
○松平忠頼	武蔵松山	二・五	遠江浜松	五・〇
○松平康重	武蔵騎西	二・〇	常陸笠間	三・〇
○松平康長	武蔵東方	一・〇	上野白井	二・〇
○三浦重成	下総佐倉	一・〇	近江ノ内	一・三
最上義光	出羽山形	二四・〇	出羽山形	五七・〇
○山口重政	上総ノ内	〇・五	常陸牛久	一・〇
山崎家盛	摂津三田	二・三	因幡若桜	三・〇
山内一豊	遠江掛川	六・九	土佐浦戸	二〇・二
○結城秀康	下総結城	一〇・一	越前北ノ庄	六七・〇
六郷政乗	出羽仙北ノ内	〇・五	常陸府中	一・〇
分部光嘉	伊勢上野	一・〇	伊勢上野	二・〇

〔本領・禄高安堵〕

大名名	封地	石高	備考
秋月種長	日向高鍋	三・〇	
有馬晴信	肥前平戸	六・三	
石川康勝	信濃ノ内	一・五	

石川康長	信濃松本	六・〇	
伊東祐兵	日向飫肥	五・七	
○伊奈忠次	武蔵小室	一・三	
稲葉通重	美濃清水	一・二	
○大久保忠隣	相模小田原	六・五	
大村喜前	肥前大村	二・一	
○小笠原信之	武蔵本庄	一・〇	
○岡部長盛	上総山崎	一・二	
織田信重	伊勢林	一・〇	
加藤貞泰	美濃黒野	四・〇	
木下家定	備中足守	二・五	播磨姫路より転封
朽木元綱	近江朽木	二・〇	
来島康親	豊後森	一・四	伊予より転封
桑山重晴	大和布施	四・〇	紀伊和歌山より転封
小出秀政	和泉岸和田	三・〇	
小出吉政	但馬出石	六・〇	
○高力清長	武蔵岩槻	二・〇	
五島純玄	肥前五島	一・六	
近藤重勝	越後ノ内	一・〇	
○酒井家次	下総臼井	三・〇	
○榊原康政	上野館林	一〇・〇	
相良頼房	肥後人吉	二・二	

佐野政綱	下野佐野	三・九	
島津忠恒	薩摩・大隅	五六・〇	
杉原長房	但馬豊岡	二・〇	
関　一政	伊勢亀山	三・〇	美濃多良より転封
仙石秀久	信濃小諸	五・〇	
宗　義智	対馬厳原	一・〇	
高橋元種	日向延岡	五・〇	
谷　衛友	丹波山家	一・六	
津田信成	山城三牧	一・三	
筒井定次	伊賀上野	二〇・〇	
戸沢政盛	常陸手綱	四・〇	出羽角館より転封
中川秀成	豊後竹田	七・〇	
鍋島直茂	肥前佐賀	三一・〇	
成田泰親	下野烏山	三・七	
南部利直	陸奥盛岡	一〇・〇	
土方雄氏	伊勢菰野	一・二	
日根野吉明	下野壬生	一・五	信濃高島より転封
別所吉治	但馬ノ内	一・五	
○北条氏勝	下総岩富	一・〇	
○北条氏盛	河内狭山	一・一	
堀　親良	越後蔵王	四・〇	
堀　秀治	越後春日山	三〇・〇	

○本多忠勝	伊勢桑名	一〇・〇	上総大多喜より転封
本多俊政	大和高取	二・五	
○本多正信	相模甘縄	一・〇	
前田茂勝	丹波亀山	五・〇	
○牧野康成	上野大胡	二・〇	
松浦鎮信	肥前平戸	六・三	
松下重綱	遠江久能	一・六	遠江頭陀寺より転封
○松平忠利	三河深溝	一・〇	下総小見川より転封
○松平康元	下総関宿	四・〇	
水谷勝俊	常陸下館	二・五	
水野勝成	三河刈屋	三・〇	
溝口秀勝	越後新発田	六・〇	
○皆川広照	下野長沼	一・三	
村上義明	越後本庄	九・〇	
毛利高政	豊後佐伯	二・〇	豊後日田郡隈より転封
森　忠政	信濃川中島	一四・〇	
脇坂安治	淡路洲本	三・三	

〔封土削減〕

大名名	旧封地	石高	新封地	石高
秋田実季	出羽秋田	一九・〇	常陸宍戸	五・〇
上杉景勝	陸奥会津	一二〇・〇	出羽米沢	三〇・〇
佐竹義宣	常陸水戸	五四・六	出羽秋田	二〇・五
毛利輝元	安芸広島	一二〇・五	周防・長門	三六・九

〔封土没収〕

大名名	封地	石高	備考
青木一矩	越前北ノ庄	二〇・〇	
青山宗勝	越前丸岡	四・六	
赤座直保	越前ノ内	二・〇	
赤松則英	阿波住吉	一・〇	
安国寺恵瓊	伊予ノ内	六・〇	
池田秀氏	伊予大洲	二・〇	
石川貞清	尾張犬山	一二・〇	（含直轄領代官）
石田正澄	近江ノ内	二・五	
石田正継	近江ノ内	三・〇	
石田三成	近江佐和山	一九・四	
伊藤盛正	美濃大垣	三・四	

岩城貞隆	陸奥磐城平	一二・〇	元和二年信濃川中島一万石
上田重安	越前ノ内	一・〇	
宇喜多秀家	備前岡山	五七・四	
氏家行継	近江ノ内	一・六	
氏家行広	伊勢桑名	二・二	
宇田忠頼	大和ノ内	一・三	
大谷吉継	越前敦賀	五・〇	
岡本宗憲	伊勢亀山	二・二	
小川祐忠	伊予今治	七・〇	
奥山正之	越前ノ内	一・一	
織田秀雄	越前大野	五・〇	
織田秀信	美濃岐阜	一三・三	
小野木公郷	丹波福知山	三・一	
小野寺義道	出羽横手	三・二	
加賀井秀望	美濃加賀井	一・〇	
垣見一直	豊後富来	二・〇	
垣屋恒総	因幡浦住	一・〇	
糟谷武則	播磨加古川	一・二	
川尻直次	美濃苗木	一・〇	
木下勝俊	若狭小浜	六・二	
木下重賢	因幡若桜	二・〇	
木下利房	若狭高浜	二・〇	

木下頼継	越前ノ内	二・五	
木村由信	美濃北方	一・〇	
熊谷直盛	豊後安岐	一・五	
小西行長	肥後宇土	二〇・〇	
斎村政広	但馬竹田	二・二	
佐藤方政	美濃上有知	二・〇	
真田昌幸	信濃上田	三・八	
島津豊久	日向佐土原	二・九	慶長八年一族に旧領安堵
新庄直頼	摂津高槻	二・四	慶長九年常陸麻生三万石
杉若氏宗	紀伊田辺	一・九	
相馬義胤	陸奥牛越	六・〇	慶長七年嫡子に旧領安堵
多賀秀種	大和宇多	二・〇	
高木盛兼	美濃高須	一・〇	
高橋直次	筑後内山	一・八	慶長一九年常陸柿岡一五千石
多賀谷重経	常陸下妻	六・〇	
滝川雄利	伊勢神戸	二・〇	慶長六年常陸片野二万石
立花宗茂	筑後柳川	一三・二	慶長二年陸奥棚倉一万石
田丸忠昌	美濃岩村	四・〇	
長宗我部盛親	土佐浦戸	二二・二	
筑紫広門	筑後山下	一・八	
寺西清行	越前ノ内	一・〇	
寺西直次	伊勢・近江・越前ノ内	一・〇	

戸田重政	越前安居	一・〇	
長束正家	近江水口	五・〇	
南条忠成	伯耆羽衣石	四・〇	
丹羽長重	加賀小松	一二・五	慶長八年常陸古渡一万石
丹羽長昌	越前東郷	五・〇	
早川長政	豊後府内	二・〇	
原　勝胤	美濃太田山	三・〇	
平塚為広	美濃ノ内	一・二	
堀内氏善	紀伊新宮	二・七	
前田利政	能登七尾	二一・五	

蒔田広定	伊勢雲出	一・〇	のち備中ノ内に一万石
増田長盛	大和郡山	二〇・〇	
松浦久信	伊勢井生	一・〇	
丸毛兼利	美濃福束	二・〇	
宮部長房	因幡鳥取	五・〇	
毛利秀包	筑後久留米	一三・〇	
山川朝信	下野山川	二・〇	
山口宗永	加賀大聖寺	六・〇	
山崎定勝	伊勢竹原	一・〇	
横浜茂勝	播磨ノ内	一・七	

参考文献

〔史料〕

関ヶ原合戦に関する著述は、江戸時代以来多数残されている。たとえば阿部忠秋の「関ヶ原記」（内閣文庫蔵）、また酒井重忠、太田牛一らがそれぞれ著わした同名の書が上野図書館に、永青文庫には熊本藩が細川忠興の活躍を記した「関ヶ原軍記」と題されたものがある。それに参戦した大名の諸藩で書かれた記録も少なくない。しかしここでは、刊行されているものの中から主なものを選んであげた。

『慶長年中卜斎記』（『改定史籍集覧』）
板坂卜斎著、家康の侍医板坂卜斎の覚書で、慶長三年から同九年までの家康の随行記。三巻。

『徳川実紀』（『新訂増補国史大系』）
大学頭林衡（述斎）総裁のもとに、成島司直が撰述した江戸幕府の正史。徳川家康から十代家治までの歴代将軍の事績を詳述している。

『当代記』（『史籍雑纂』）
作者未詳。天文から慶長年間まで広く記している。江戸幕府成立前後の政治・社会の情勢をみる重要史料である。十巻。

『黒田長政記』（『国史叢書』『続群書類従』）
作者未詳。黒田長政の初陣から関ヶ原に至るまでの武功記。関ヶ原合戦から間もない頃、黒田家臣の手によって書かれたものと思われる。一巻。
『清正記』（『続群書類従』『改定史籍集覧』）
古橋左衛門尉（又玄）著。加藤清正の一代記。関ヶ原に関しては武将派と奉行派の確執が詳細に書かれている。江戸初期の成立。三巻。
『細川忠興軍功記』（『続群書類従』）
牧丞大夫著。細川忠興が天正十年織田信長の四国征伐に参加したことから筆を起こし、関ヶ原の論功行賞で丹後宮津より豊前中津に移封されるまでの武功を記している。寛文四年（一六六四）成立。一巻。
『脇坂記』（『続群書類従』『改定史籍集覧』）
作者未詳。豊臣、徳川二氏に仕えた脇坂安治の武功記。安治宛の秀吉、家康の書状を収載している。寛永十九年（一六四二）成立。二巻。
『長曽我部覚書』（『改定史籍集覧』）
作者未詳。秀吉の四国征伐と関ヶ原敗軍後の事を略記している。一巻。
『関原軍記大成』（『国史叢書』）
宮川尚古編。秀吉の伝記の概略から筆を起こし、関ヶ原合戦の勃発から家康の政権掌握までの経過を詳述。本書は『関ヶ原始末記』を本拠とし、種々の他書を参考にして異説をあげ、私考をも付している。書名は最初『伊吹物語』と題されたが、のち『慶五記』『関ヶ原記大全』（三十二巻・元禄三年）と改め、さらに追加増補して正徳三年『関原軍記大成』（四十五巻）として完成された。
『関ヶ原始末記』（『改定史籍集覧』）
林道春・春斎編。慶長三年八月の秀吉死去から同六年十月の家康帰府までを、関ヶ原合戦を中心にして述べている。酒井忠勝が自分の見聞を粗述し、また故老の所伝を集めさせたもの。明暦二年（一六五六）成立。二巻。

『石田軍記』（『国史叢書』）
作者未詳。三成の秀吉在世中の事績から筆を起こし、秀吉の死後家康と対立して関ヶ原合戦を起こし、ついに小西行長らとともに処刑されるまでを記している。十五巻。

『老人雑話』（『改定史籍集覧』）
京都の医師江村専斎の雑話を孫の伊藤宗恕（担庵）が記録整理したもの。信長、秀吉やその部下の部将の逸話や合戦について記している。正徳三年（一七一三）の序がある。二巻。

『落穂集』（『改定史籍集覧』）
大道寺友山著。近世初期における徳川家康をはじめとする大名武士階級の逸話や江戸町方の情況などを聞書の形で記している。成立は享保年間。十巻。

『古今武家盛衰記』（『国史叢書』）
作者未詳。関ヶ原後から綱吉将軍頃までの、諸大名および諸家の減禄、断絶等に関する始末を記している。三十巻。

『常山紀談』
湯浅元禎（常山）著。戦国期から江戸初期までの著名な大名や武士たちの言行について記述。元文四年（一七三九）成立。二十五巻。刊本が多い。新人物往来社刊。

『寛政重修諸家譜』
若年寄堀田正敦を総裁とし、屋代弘賢、林述斎ら五十余人をもって編纂した諸大名・旗本の系譜。一五三〇巻。続群書類従完成会刊。

『断家譜』
田畑吉正編。慶長より文化年間に至る約二百年の間に断絶した大名以下御目見以上の士、八百八十余家の系譜。文化六年（一八〇九）成立。三十巻。続群書類従完成会刊。
『廃絶録』（『改定史籍集覧』）
小田彰信著。関ヶ原戦後における諸大名の廃絶、減封等について採録し、居所・封地を注記、また廃絶家の罪状や参考となるべき諸記録をも付記している。文化十年（一八一三）頃成立。三巻。
『恩栄録』（『改定史籍集覧』）
小田彰信著。慶長五年から文政十二年（一八二九）までの諸大名の封禄の変動、新加の数字を列記したもの。三巻。

〔編著書〕

関ヶ原合戦そのものをテーマとしたものにとどめ、時代史的なものや武将の伝記等は割愛した。また、同書の覆刻本や口語訳本等についても省略している。

『関原合戦図志』神谷道一著　明治二十五年　小林新兵衛
『日本戦史関原役』（全三冊）参謀本部編　明治二十六年　参謀本部
「関ヶ原の戦」（『大日本戦史』三）井上一次　昭和十四年　三教書院
『関ヶ原合戦前後』原田伴彦　昭和三十一年　創元社
『徳川家康文書の研究』中・下巻　中村孝也著　昭和三十四年　日本学術振興会
『関ヶ原合戦』藤井治左衛門著　昭和三十八年　関ヶ原町役場
「関ヶ原の戦」（『日本の合戦』七）桑田忠親　昭和四十年　人物往来社

『関ヶ原役――合戦とその周辺――』松好貞夫著　昭和四十六年　人物往来社
「関ヶ原の合戦大特集」（『歴史と旅』三四）昭和五十一年　秋田書店
「関ヶ原の戦い」（『戦乱日本の歴史』九）南条範夫　昭和五十二年　小学館
「特集関ヶ原の合戦」（『歴史と人物』九八）昭和五十四年　中央公論社
『関ヶ原合戦史料集』藤井治左衛門編　昭和五十四年　新人物往来社
『関ヶ原合戦図』（戦国合戦絵屏風集成(三)）昭和五十五年　中央公論社
「特集天下分け目の関ヶ原」（『歴史読本』三二八）昭和五十六年　新人物往来社
「決断！　運命の関ヶ原」（『別冊歴史読本』二一）昭和五十六年　新人物往来社

付記、なおこのほかにも雑誌論文等多くの先学の研究の恩恵にあずかっているが、紙幅の都合により割愛させていただいた。ここに、それらの方々に対して深甚の謝意を表します。

あとがき

慶長五年（西暦一六〇〇）九月に行なわれた関ヶ原合戦は、まさに十六世紀と十七世紀とを分かつ、時代の境目に勃発した歴史的大事件であった。ことの起こりは、太閤秀吉死後における豊臣政権の動揺とともに表面化した武将間の権力闘争に端を発しているが、この合戦で大勝した徳川家康は、その後一年ほどの間に政界の主導権を掌握した。

戦争の中心は、東西両軍の主力が美濃（岐阜県）の関ヶ原で衝突したいわゆる〝天下分け目の戦い〟であるが、この東西の対決は、日本列島のすべてをも巻き込んだといえるほど大規模なものであった。かつて故大宅壮一氏は、太平洋戦争の終戦に際しての一日を〝日本のいちばん長い日〟としてとらえたが、関ヶ原合戦は、いわば〝戦国のいちばん長い日〟といえよう。

関ヶ原合戦に関しては、これまでにも歴史学者による研究のほか、数々の小説やドラマが世に出されている。しかし、戦争の規模が大きいだけに、いまだに多くの疑問が残されている。本書では、とくに関ヶ原合戦における家康の天下取りと、この戦争に参加した諸将の立場にスポットをあてている。東西両軍にそれぞれ加わった諸将の立場は、まさに多様であった。そこには戦国乱世の人間模様や、その時代に生きた人々の持っていたさまざまな面がむき出しにされているのである。

記述の中心は、関ヶ原における九月十五日の大決戦の一日にしぼり、これをドキュメンタリーとして記し、合戦の全貌を臨場感をもって再現することを意図した。そこに至る過程や因果関係等については、回想、切り返しの手法を用いて、合戦の背景をも理解できるように心がけた。東西両軍諸将の中の主だった人物を、便宜的に分けた時間帯の主役に置いて、合戦の全体像の概観を把握できるように工夫し、あわせて戦国乱世の合戦とその周辺について述べようという、多少欲張った構成を考えてみた。

材料はできるだけ史料的価値の高い古文書や日記・記録によったが、合戦の推移や戦闘の描写などは、後世の聞書や軍記物語の記述に頼らざるを得なかったところも多い。が、その場合でも、諸書を斟酌し、古戦場を足で辿り、可能な限りの推理を加えた。史料の伝存しない部分、文字に見えぬ歴史の裏面の洞察には、私の想像力を働かせたところもあるが、少しでも史実に近づけるように苦慮したつもりである。

終わりに、本書の出版にあたり、いろいろとおほねおりをいただいた中央公論社の青田吉正・近藤大博の両氏に対して、深甚の謝意を表しつつ、筆を擱く。

昭和五十七年一月

二木謙一

三成と家康——勝敗を決めたのは二人の人間性だった

〈対談〉綱淵謙錠／二木謙一

秀吉の葬儀が行われなかった理由

二木　最近、あるテレビ局から問い合わせがあったんです。秀吉の葬式が慶長四年（一五九九）二月に行われ、その時の葬儀の絵が発見されたから、それを番組にできないかと。

そこで私は、その絵はニセモノではないかといったんです。『豊太閤葬記』とか、加賀の前田家の記録にも、「信長にならって秀吉の葬式も盛大に行われた」とあるんですが、それは江戸時代に書かれたものなんです。

もしそんな秀吉の葬儀があったならば、慶長時代のどこかの記録に残っているはずなんですが、それがまったくない。どうも行われなかったらしいんです。なぜ秀吉ほどの人物の葬儀ができなかったのか？　関ヶ原の合戦が起きた原因がそこにあると思うんです。

綱淵　うーん、おもしろいな、二木さんのお話。今日の対談はそれで決まりだ（笑）。葬式が行われたというより、行われなかったというほうがリアリティありますものね。

二木 各大名やおねねさんが、個人的に行った小さな葬式は別として、豊臣政権をあげての葬儀はできなかったわけです。

仮に行われたとしたら、だれが喪主になると思いますか？

綱淵 息子の秀頼は、飾りものとしての喪主にはなれるでしょう。

二木 そうですね。正室のおねねさんもその候補の一人には上げることができますね。

綱淵 ただ、淀君との関係において、なかなか複雑な関係が生じてくる。

二木 やっぱり秀頼になりますか？

綱淵 世継ぎですからね。たとえば、信長が死んだあと、柴田勝家は後継者として長男の故信忠の弟・信孝を主張したが、秀吉は直系である信忠の嫡子の秀信を擁立してますね。

二木 ええ、秀吉は、まだ子供だった三法師秀信を抱っこして居並ぶ諸将たちの前に現れ、彼らに頭を下げさせている。

綱淵 だから、だれが秀頼を抱っこするかということになる。

二木 徳川家康がはたして抱っこするかどうか、問題のあるところですね。

綱淵 まず、石田三成が承知しないでしょう。結局、五大老と五奉行の問題となると思うのですが、その前に朝鮮出兵していた武将たちを引き上げさせなければならないという問題が残っていたわけでしょう？

二木　そうですね。だから、まず喪を伏せた。当時、長崎にいた宣教師フランシスコ・パシオの書いたもののなかにも「秀吉の喪は伏せられ、死んだことを公言すると打首になる。葬式もしなかった」と記録に残っているほどです。

綱淵　それは朝鮮から引き上げるためのひとつの作戦でもあるし、引き上げのないまま葬儀が行われると、「なぜ俺たちを参列させなかったんだ！」と不満も出ることでしょうしね。

そのためにすぐに葬儀が行われなかったという側面もありますね。

二木　まとまらなかった原因はいろいろあると思うんですが、最終的には行われなかったというのが問題でして……。

綱淵　そこですよね。たとえやる場合でも、どのように葬儀委員会を組織し、だれが葬儀委員長になるのか？　家康がなると、淀君を中心とした三成たちの勢力が反対するでしょうしね。

二木　北政所は、秀頼がいるから、喪主になるわけにはいかない。秀頼が喪主になったとしても、正妻である北政所が後見人のような役割を果たすでしょう。そうすると、生母である淀殿がおもしろくない。家康にしても、葬儀委員長なんて猿芝居はやらなくてもいいわけですよ。

綱淵　家康から見れば、そこで豊臣家の内部がガタガタしていたほうが、なんとなくニヤニヤしていられる（笑）。問題は前田利家なんですよ。利家が朝鮮から引き上げて来た武将派をグッと押さえて、「徳川さん、ひとつお願いします」という器量があればね。

二木　前田利家自身も葬儀委員長にはなれないわけですね。ナンバーツーですから。

綱淵　それにすぐに死んじゃいますからね。

二木　となると、残る大老では、上杉景勝は会津に行っているし、毛利輝元はそれだけの器じゃない。宇喜多秀家にいたっては二十六歳の若年。だから家康が引き受けない限り、できなかったということですね。

綱淵　そんなこんなで葬儀が行われぬまま時間がたってしまったというのが事情でしょう。結局、豊臣恩顧の大名のなかに中心となるべき人物がいなかったということですね。

二木　そもそも秀吉が生きていた時から、北政所を慕う加藤清正、福島正則などの武将派と、淀殿の取りまきである三成などの奉行派という対立があった。

綱淵　つまり、関ケ原は、家康対三成という図式以前に、武将派対奉行派の対立からはじまったといってもいい。

二木　自衛隊にたとえれば、さしずめ制服組と背広組といったところですね。

三成は有能な秘書課長だった

綱淵　僕はね、豊臣家というのは、戦後に創業した企業にもたとえられると思うんです。

物資のない時代、社長と社員が同じトラックに乗って買い出しに行った関係、それが秀吉と武将派の関係だったと思うんです。ところが会社が儲かってくると、経理課、秘書課と細分化された組織体になっていく。そうなると、それまで槍をもって合戦していた清正とか正則あたりは、ソロバンなんかはじけない。

二木　伝票切ったり、帳簿つけたりすることは、ましてできない。

綱淵　いってみれば、武将派と秀吉の関係は、一緒に汗を流して働いた町工場のオヤジと従業員の関係ですよ。「おい、社長いるか？」と気安く社長室に入ってくるわけです。奉行派にたとえられる秘書課にしてみれば、そんなことをしてもらっては困る。自分たちの立場がなくなるわけですから。そのちがいですね、両者の対立は。

二木　戦争にしたって大規模となっているわけですからね。兵隊をどう動かすか。武器弾薬、食糧をどう調達し、どう輸送するかが、重要な役割となってくる。とくに朝鮮出兵のような国をあげての戦争ともなると、なおさらです。

綱淵　つまり、そういう計算にたけた近江出身の石田三成とか、堺出身の小西行長といった人材が重宝されるようになる。そんな形態になってきたのは、秀吉が長浜城主としてはじめて大名になった頃からですよ。その時に入社試験を受けて入って来た新入社員の第一号が、石田三成だと僕は思っているんです。そして官僚的な才能を発揮して、トントン拍子に秘書課長となった。社長と創業期をともにした加藤清正あたりからみれば、「戦争もできないくせに！」と不満ったらたらとなる。でも、三成の官僚的な能力はズバ抜けていた、と思うんです。

朝鮮に出兵していたあれだけの兵士を全部引き上げさせたのは、三成でなければできなかったわけでしょう？

二木 そうですね。それを成し遂げた能力というのは、たしかにすごい。

綱淵 ある意味では、第二次大戦後の引き上げより大変なことだったし、それをうまくやってのけた。そのへんは大いに評価しなければならない。

二木 家康と戦って敗れたから、後世、徳川に敵対した人物はみんな悪人にされた。それが歴史の欠点みたいなものですが、三成に関する史料文献はみんな江戸時代に書かれたものなんです。彼が生きていた頃の史料や自筆の文書というのは、非常に少ない。おそらく抹殺されたと思いますね。ところが、身分的にいえば、わずか一九万石ぐらいの大名が、二五〇万石の家康を相手に戦ったのは事実でして、明治十八年（一八八五）、陸軍大学校の教官として来日した、ドイツのクレメンス・メッケル少佐が、関ヶ原の布陣を見て、即座に「西軍の勝ち」といったくらいですから、相当の戦術家でもあったわけです。それに、秀吉の威光があったものの、八万を超える大兵を結集させることができたこと自体、並の人間ではできませんよね。

綱淵 そこで再び豊臣株式会社の話にもどりますが、三成はいわば有能な秘書課長だったという気がするんです。優秀な秘書というのは、社長のネクタイが曲がっていますよとか、ちゃんと髪をといてくださいとかいった、身の回りの細かいことから、社長室に入ってくるすべての情報管理まで行う。そうなると、秘書なくして社長も身動きがとれなくなる。そうしてはじめて社長の参謀格になるんですよ。僕も会社勤めの経験がありますが、各企業にはそれぞれそういう人がいましたね。みんながその人の前では震え上がってしまうくらいの人で、僕なんかもなんとなくそういう人を敬遠していたから、この人はいったいどんな人間なのかと、じっと観察したことがある。

そしたら、ある日、突然、「あッ、この人が三成だ！」と思った（笑）。たしかに、その人がいないと、会社も社長も動けないという側面があり、その意味ではものすごく優秀な人材でもあるんですね。そういう人っていつの世にもいるんですよ。

二木　ただ三成の場合、なんでも権力で抑えつけることができる立場にあったから、関ヶ原の合戦の視点からみると、ある種の努力が足りなかったという部分はありませんか？たとえば、頭を下げるとか……。

綱淵　そこなんですよ！（笑）。秘書兼参謀格に何が欠けているかというと、結局、そこになるんですよ。だから、当初、三成からみれば、豊臣家のための戦いだから、半分以上は西軍につくと思っていたと思うんですよ。

なぜかというと、三成が本当に秀吉を尊敬していたからです。これはもうだれよりも尊敬していたと思いますね。ところが、三成が秀吉を神様のように思っていても、それが他の者に好感として映る場合と、うまく立ち回るオベンチャラとしか見えない場合がある。とくに会社が危くなると、そのちがいがはっきり出てくるんですね。

二木 三成からすれば、俺はこれだけ一所懸命やっている。だからお前たちもやらなきゃいけないし、やるのが当然だと思っていたんでしょうね。

綱淵 また、必ずやると思っていた、その思い込みですね。秘書課長をずっとやっていると、そうなっちゃうんですよ。

二木 なるほど(笑)。

家康の根回しのうまさ

綱淵 ある部分では三成は気の毒な人間ですよ。しかも悪いことに、こういうタイプの人間は、現場を知らないから、〝根回し〟をしないんです。家康なんてのは、六〇年近く根回しで生きてきたといってもいいくらい根回しをする人だったんでしょう?

二木 子供の時から苦労して、そこからはい上がってきた人間ですからね。関ケ原の合戦の時だって、諸大名にあてた根回しの手紙というのは、一八〇通近くある。それに比べて三成の手紙は、上杉景勝、真田昌幸、織田秀信、小早川秀秋などわずか数通しかない。三成としては、当然、みんなが西軍につくべきだと思っているから、とりわけ根回しの必要性を感じていなかったかもしれない。

その点、家康は「自分の味方につけ。ダメならば中立を守れ。それもできないならば、お前の立場もよくわかるから、無理しないでキリッとしろ、悪くは思っていない」とか、人の心のツボを押えている。

綱淵　そのあたりが家康のうまいところですねえ。

二木　戦いの前日までに、すでに吉川広家を通じて、毛利の中立をとっているし、小早川の裏切り工作もしている。あの戦争というのは、関ヶ原の合戦場だけの戦いではなく、全国の大名をどう自分に引きつけるかですからね。

三成は、そういう根回しが実にへたですし、できないんですね。

綱淵　よく東軍は最初から勝つ戦いをしたのだろうという人がいますが、あの戦いは西軍だって勝つ可能性は充分にあったと思いますよ。

二木　最後までわからなかったでしょうね。小早川が裏切らなかったら、脇坂安治(わきさかやすはる)、小川祐忠(すけただ)、赤座直保(あかざなおやす)も裏切れなかったし、毛利だってどう転んでいたかわからない。

綱淵　家康にしたって、なぜ小早川は動かんのだと、ジリジリとツメを嚙んでいましたからね。

二木　小早川は東軍から二か国やる、西軍からは関白にしてやるといわれていた。そうなると西軍の条件もいいわけで、迷っていたと思う。

綱淵 家康にしてみれば、そういうもろもろの不安があり、だからこそ一八〇通もの手紙を出し、逆に三成には自信があったからこそ、五、六通しか出さなかったともとれる。

二木 勝てると思っていたかも知れませんよ。ただ、なんというのか、三成には冷たさというものを感じませんか？

綱淵 いってみれば、経理部の冷たさですよね。こっちがお金に苦労して、前借りを頼むと、その大変さを聞きもせず、「え？　いくらだ？」と冷たく聞き返す、あれですな（笑）。

二木 大坂城の人質の扱いにしても、三成が増田長盛にあてた手紙には、敵味方の噂ではこっちが人質を殺せないと思っているらしいから、見せしめに五、六人殺してみてはどうかと書いていますね。その点、家康は、関ヶ原の合戦が終わってから、祝杯を上げようといわれても、まず大坂城の人質を救出してからだといっている。

綱淵 泣かせ言葉が実にうまい。まだ三河時代、家康は一向一揆に相当に手こずりましたが、これを抑えた時、「全部元通りにする」と約束しているんです。一向宗ではお寺をそのまま残すという意味にとったが、その寺をみんな破壊してしまった。つまり、元通りにするということは、もとの野原にするというわけです。そんなバカなといっても、あとの祭なんです。そういうところが、タヌキ親爺といわれる（笑）。

戦略的には家康が上だった

二木　ただ家康にも、弱肉強食の時代で人の心が信じられなくなっているから、どこかでまだ人を信じたいと思っていた部分があったと思いますよ。前田利長が人質として母の芳春院（ほうしゅんいん）を家康に差し出した時、家康は江戸で人質となっているその芳春院に「自分は自筆の手紙はほとんど書かないが、この手紙はみずから書く。利長はよくやっている。戦いが終わったら、あなたをすぐに息子の所にお返ししますから安心してください」と手紙を書いている。加藤貞泰（さだやす）も弟を人質に出したんですが、その弟が病気なんですよ。そのため家康は、箱根で療養させるなど、あのタヌキ親爺にしてはアレッと思わせるところがある。

綱淵　家康はそういうことがわかる男ではありますよ。よくわかる人だけに、怖い面をもっていることも事実ですね。たとえば、家康の四天王のトップに酒井忠次という人物がいた。一度も戦いに負けたことのない人で、家康から東三河を全部まかせられたほどの人物です。家康が関東に移って、地行割り（ちぎょうわり）をした時には、隠居して息子の家次（いえつぐ）に家督をゆずっていた。ところが地行割りの結果は、それまでナンバーワンだった酒井家が八番目。トップがいわば中途採用ともいうべき井伊直政で一二万石。ついで本多、榊原の一〇万石。酒井家次はわずか三万石なんですよ。そこで酒井忠次は、地行割りの翌年、隠居先から家康を訪ね、「息子をよろしくお願いします！」と頭を下げた。家康には忠次が来た理由がわかっているから、そのふくみのある態度に「三郎（家康の長男・信康）が生きていたら、わしもこんな苦労はしなかっただろう。忠次、お前にも子供のかわいさがわかるか？」と答える。

二木　信長によって信康は切腹させられていますからね。

綱淵　そこなんです。結局、家康の妻の築山殿は今川の出で、その今川を滅ぼした信長が憎い。そこで彼女は、子供の信康を武田勝頼に内通させ、信長を滅ぼそうとしているらしい、という疑いを信長は抱いた。この疑惑は信康の妻となっている信長の娘から届いた十二か条にわたる密告によるものです。

信長はびっくりした。すぐに徳川家の老宰酒井忠次を呼びつけ、その十二か条の内容の真意をただす。忠次にしてみれば、信長の気性をよく知っているから、もしひとつでも「ちがいます」と答えてそれが問題となれば、徳川家お取り潰しにもなりかねない。お家大事のために、ぜんぜん否定しなかった。そこで信康の切腹となる。家康自身も忠次のしたことの意味はよくわかっているから、そのことで彼を責めたことは一度もなかった。また、信康の家来にもなんの科も与えていない。ところがですよ。

それから一三年後、「お前にも子供のかわいさがわかるのか？」とズバッといったわけです。

それまでじっと我慢していたわけです。

忠次は冷や汗をかいたと思いますよ。それで何もいわずにただ黙って帰って行った。家康のそういうところは、経営者の感覚で、すごいと思うんだ。

それがなければ、天下人にはなれないんじゃないかと思うほどですね。

二木　執念深いというか、そのあたりはいかにも家康らしいですね。

綱淵　これが三成だったら、たとえダメであっても、どうしてひとつくらい信長に申し開きをしなかったのかと、忠次を責め、そして首にするでしょう。論理的に考えれば、そうなりますもの。

ところが、家康はどんなつらいことでもお家のためにと、グッとおさえることができる。そして決して己れを忘れはしない。そういうところが、家康の怖い一面でもありますね。そう見ていくと、あれだけキレ者だった三成でも、関ヶ原の戦いで家康に負けたのは、ごく自然のことだったなという感じがするんです。

二木　まったくその通りですね。戦術では三成のほうが優れていたかも知れないが、戦略的には家康のほうが数段も上だった。

綱淵　ポリティックスというか、政治学的な戦略で勝ったという気がしますね。

二木　それを最終的に決めたのは、二人の人間性であると思うんですよ。関ヶ原に参戦している武将たちというのは、それこそギリギリの苦しい選択をしているわけでしょう。負ければ家も土地も家族もみんな失う。勝てばそれが何倍にもなって返ってくる。生死を賭けた一種のバクチですよ。そういうドタン場に追い込まれると、最後は家康と三成の人間性の問題になる。

つまり、どっちについたほうが信頼できるかということですね。

綱淵　同感ですね。結論からいえば、それだけ家康のほうが、三成より一枚も二枚も人間が大きかったということになります。

初出『ムー歴史群像シリーズ④　関ヶ原の戦い』（一九八七年十月、学習研究社）

つなぶち　けんじょう　作家。一九二四年樺太生まれ。東京大学英文科卒。五三年中央公論社入社。七一年退社し文筆生活に入る。七二年に『斬（ざん）』で直木賞受賞。著書に『越後太平記』『戊辰落日』『鬼（き）』『剣（けん）』など。一九九六年死去。

「関ケ原の戦い」に揺れた毛利一族

〈対談〉津本　陽／二木謙一

家康と毛利、上杉の微妙な力関係

二木　家康と毛利一族の人間関係を見るということでは、まず秀吉の五大老の力関係から見ていくことが必要でしょう。

津本　五大老は、秀吉が自分の亡き後、秀頼と豊臣家の行く末を案じてつくらせた体制で、徳川家康、毛利輝元、上杉景勝、前田利家、宇喜多秀家が五大老です。そして、五奉行として石田三成、長束正家、前田玄以、浅野長政、増田長盛がいました。

二木　禄高からいっても、家康が二五〇万石でナンバーワンです。毛利がナンバーツーで、毛利一族というかたちで小早川、吉川、安国寺恵瓊なども含めると一七〇万石ぐらいになるでしょうか。ナンバースリーが上杉景勝、そして前田利家、宇喜多秀家という順になるわけです。

津本　豊臣家の家臣のなかで、前田利家は要の地位にあって、信頼も人望もあった。宇喜多秀家も母親であるお福の方が秀吉の側室になったということもあり、大老五人のなかでもこの二人だけは譜代の豊臣家家臣ということで違っていたわけです。言い換えれば、他の三人、徳川、毛利、上杉は外様だということです。禄高も高く、重鎮であるのは間違いないけれど、でも外様は外様です。

二木　当時の豊臣家は、武将派と奉行派という対立もあって、いつ内紛が起きてもおかしくない状況にあったのだけれど、そんなときに利家が死んで、次の政権、実権は誰が握るかということで外様の徳川、毛利、上杉の戦いになったと見ているのですがいかがでしょう。

津本　それはそうだと思います。そして、そこから関ヶ原の戦いになってくるわけです。太閤が死んで、後継者は六歳の秀頼しかいない。次の豊臣の天下を考えた場合には、誰か本物のトップが必要なわけで、家康は自分がやらなければと思ったのではないでしょうか。周囲の加藤清正や福島正則といった連中も、家康に期待しているところがありましたし。

二木　その一方で、石田三成もトップを狙っていたわけです。石田三成というのは、今の会社組織でいえば社長室長とか企画室長とかいった感じで、社長の側近というところでしょうか。その三成は、秀吉亡き後の天下を支えるのは自分だと思っているけれど、加藤清正、福島正則など武将派は三成に反感を持っている。そこで、家康と三成の対立の図式というものもできてきます。

津本　ただ、その前哨戦というか、家康としては、まず上杉景勝と毛利一族と対決せざるをえないわけです。

二木　まさにそこに、関ヶ原の因があったと思われるのですが、家康の上杉景勝に対する会津征伐をどう見られましたか。

津本　上杉家の家老である直江兼続の高姿勢ぶりが印象的です。家康からの上洛要請に対しても、三年の間は封地にいて諸役を免除されるのは亡き太閤殿下から差し許されたことで、上洛をする義務はないと言い張る。あれだけ高姿勢でいられるというのは、石田三成との繋がりがあったからだと思います。

二木　それは、間違いなくそうでしょうね。

津本　それで、毛利輝元も上杉攻めに出て来たはずのところを、西軍のほうに引っ張り込まれて総大将にされてしまう。もちろん、その辺の根回しは石田三成と安国寺恵瓊がしっかりやっていたはずですが。

二木　会津征伐で面白いのは、家康が起こしたことだけれど、豊臣家のための戦争というかたちを取っていることです。秀頼も家康に対して米や餞別も渡して見送っている。豊臣家に不義不忠を成し、上洛もして来ない上杉を討つのだということで豊臣家の武将連中もくっついて行っているわけです。

津本　対する上杉のほうは、家康と戦うとなれば、大坂城と結び付くのは当然のことですから、三成との繋がりはもちろんあったでしょうね。

二木　上杉景勝、直江兼続と石田三成との往還文書には偽文書と見られるものも少なくないのですが、上杉と石田の共謀はあっても不思議ではありません。その一方で、家康が仕組んだことだという見方もできる。家康とすれば、いずれ上杉と毛利は叩かなければいけないのだけれど、まずは会津に兵を向けて、大坂を留守にしている間に三成に兵を挙げさせる。

津本　案の定、三成は兵を挙げました。

関ケ原以前に毛利一族は分裂していた

二木　家康は、自分から仕掛けたのでは不義不忠になってしまうから、受けて立つかたちを取る必要があった。そのためには大坂を留守にしなければいけないということで、毛利が大坂城に入ることも読んでいたと思います。ポイントとなるのは、家康が毛利一族をどう見ていたかということですが、毛利輝元という人物は、津本先生が描くところではどうでしょうか。

津本　毛利元就の長男が隆元で、その子供が輝元です。文字どおりの三代目のぼんぼんで、毛利家の盟主としての才能は、全くといっていいほどなかったと思います。史料を調べれば調べるほど、そういう像が浮かんできます。

二木　父親の隆元が早くに病死したため、元就の跡を輝元が継ぐわけですが、永禄十年（一五六七）に、元就が十五歳になった輝元に家督を譲ろうとしたら、輝元はまだ十五歳だからといって固辞した。そこで、元就が家臣の平佐就之（ひらさなりゆき）への手紙で「情けなく候」と書き送ったという記録も残されています。跡継ぎとしては不甲斐ない、頼りないと見ていたのは確かなことで、だからこそ「天下を望むな。中央の政治には目を向けず、毛利の領国の自治に徹せよ」と遺言を残したわけです。

津本　おっしゃるとおり輝元は不甲斐ないのですが、吉川元春と小早川隆景がいる間の毛利はかなりしっかりしていました。だから、信長の中国攻略も、最初は成功する可能性がほとんどないという感じでした。

二木　元就は中央に目を向けるな、天下のことを考えるなと言い残したけれど、信長の中国征伐によって好むと好まざるによらず時流に呑み込まれていく。足利義昭も信長に追放されて毛利領国に逃げて来たりしますし、それでも、最初は毛利のほうが強かった。

津本　そのとおりです。秀吉の代になってからも、島津が毛利の後にいたときは秀吉といえども容易に西へは入っていけなかった。毛利が言うことを聞くようになったのは、秀吉が賤ヶ岳の合戦に勝って政権の中枢を握ったのが明らかになってからのことですが、それは言うことを聞かないと家がもたないという危機感があったからだと思います。

二木　毛利というのは元々が寄り合い所帯の国人領主連合で、しかも吉川や小早川に養子を送り込んだりして、今でいう吸収・合併というかたちで伸びていったわけです。ですから元春や隆景は別として、吉川家、小早川家自体は毛利とは仲は良くない。今でも吸収・合併された企業の側に不満が絶えないのと同じことです。

津本　元就が死んで毛利一族の結束が緩くなったのは確かでしょうね。吉川元春と小早川隆景が支えていたわけだけれど、この二人にしても決して仲がいいことはなかった。

二木　秀吉に対する関係も隆景と元春では違うわけです。隆景は安国寺恵瓊を使者として早くから秀吉と結び付いているけれど、元春のほうは秀吉が嫌い。だから、本能寺の変の後の高松城での講和のときも、基本的には秀吉の実力を認めた毛利側が講和を持ちかけ、隆景は講和派だったけれど、元春はこれを好機として秀吉をやっつけようと主張したといわれています。その後は天下の形勢が秀吉になびいていって、秀吉嫌いの元春は、家督を子供の元長に譲って引退するわけです。

津本　その元長の後に吉川家を継ぐのが、元春の三男の広家で、関ヶ原では重要な働きをします。一方の小早川のほうは、養子に入った秀秋の代になっています。

二木　秀秋は秀吉の正室の兄である木下家定の子供で、最初秀吉は、秀秋を当時子供がいなかった毛利輝元の養子にという話だったのが、隆景がそれは困るということで、毛利家の跡継ぎは元就の四男、元清の子供の秀元に決めて、秀秋は小早川家の養子にしたといういささか複雑な経緯もあるわけです。

津本　だから、秀秋は小早川家に何の血縁もないわけで、小早川家にとっても毛利一族にとっても他所者なんです。

二木　結局、関ヶ原の時点でいえば、毛利、小早川、吉川家は、家臣のなかに対立があったり、あるいは他所者意識があったりということで、元々一枚岩でなかったものが、いっそう分裂の兆しを強めていたのです。

津本　毛利の団結が崩れていたのは確かなことで、毛利が一枚岩でなかったから関ヶ原の戦いは始まったという言い方も、ある意味ではできるかもしれません。隙間があったからこそ、そこを突いて恵瓊のような人物も暗躍できたわけですし。

二木　あの時点で、毛利一族のことを最も真剣に考えていたのは吉川広家で、隆景亡き後の毛利一族の重鎮として、輝元にしても、よろしく頼むと頼りにしていた一面があると思います。

津本　ところが、広家の意に反して恵瓊が輝元を大坂城に引っ張り込んでしまった。

二木　広家自身は、輝元の大坂城入りには反対だったんです。広家は、家康側の武将と一緒に朝鮮出兵にも参加していて気心も知れていますし、家康の実力も知っていますから、家康に付かなくては毛利は駄目になると見抜いていたんです。

津本　恵瓊のほうは、秀頼を担いでいるし、諸大名の勢力から見ても西のほうが強いと思ったんでしょうか。

二木　そうだと思いますね。

三成の人望のなさが致命的

津本　確かに勢力からいえば、断然西と思ってても無理からぬところがありますが、それにしては指揮官はあまりいいのがいなかった。

二木　総大将が輝元ですからね。輝元がいる大坂城や京都の周辺には西軍の大名、武将がたくさんいたわけだけれど、輝元には判断力がない。

津本　ただ、豊臣家のために戦うということだけで……。

二木　でも、そんなことをいったら、皆そうなんです。三成にすれば、豊臣家のために家康の野望を潰すのだと言っているわけだし、家康にしても本音はともかく、建前は、三成を征伐するのは豊臣家のためだということになるんです。

津本　そこが関ヶ原の戦いの面白いところだともいえますね。

二木　結局、関ヶ原の戦いで家康が勝ったのは、その前の根回しが凄いわけです。

津本　一八〇通ぐらいの手紙が残っていますよね。

二木　そうです。九州から奥羽まで全国の大名宛の手紙が。そして味方に付けと言い、味方に付くことができないならせめて中立でいろ、あるいは西軍に入っていても戦闘にだけは参加しないでくれと言って、多くを味方に引き入れてしまうわけです。日本中の大名にしても、東につくか西につくかで、明日にはお家断絶、倒産・失業の恐れが待ち受けているから大変です。

津本 そこで機を見るに敏ということが要求されるのですが、西軍の大名は豊臣政権下の二代目か三代目がほとんどで、組織の中の派閥抗争にばかり明け暮れていて、大局に目がいかなかったという面があると思いますね。

二木 関ヶ原合戦は、関ヶ原の戦場だけで両軍合わせて一五、六万人が集結しています。これまでの戦争とは桁違いに大規模なわけで、ここは味方、ここは中立、ここは敵だけど動かない、と一つずつ陣営を押さえていくようなやり方でなければ勝てません。結局のところは広家を通して、毛利の中立を取り付けたというのが家康の第一の勝因となったのですが。

津本 もし、毛利一族が西軍に付いていたら勝敗が逆転していたかもしれません。

二木 その可能性は高かったでしょうね。東軍、西軍共、七万人前後が集結しているといっても、戦っているのは各三万五〇〇〇人ずつぐらいで、小早川の一万六〇〇〇人が東軍に加わって、毛利と吉川が動かなかったから一気に東軍有利となったわけです。

津本 小早川秀秋は、最後まで迷っていたともいわれていますが……。

二木 家康からは上方の二ヵ国をくれるという約束がありましたし、一方、西軍からも秀頼が十五歳までは関白にするという申し出がありました。秀秋の心が揺れ動いたとしても不思議はないわけで、それでもやはり家康のほうを選びました。

津本　そこには、家康と三成の人望の違いもあったのではないでしょうか。三成の後押しをして西軍を勝たせたとしても、将来そういい目を見させてもらうことはないだろうと思っていた人は多かったんじゃないですか。それでも、関ヶ原で三成から出陣を求める狼煙が上がったとき、毛利秀元だけはそれに従って出陣しようとしたようですが。

二木　毛利と吉川の軍は南宮山にいて、小早川秀秋は松尾山にいました。毛利一族が一斉に山から攻め降りれば、家康自身を挟み打ちにもできたのですが、小早川は逆に西軍を攻め、毛利、吉川は動かなかった。秀元は行こうとしたのだけれど、広家の軍勢三〇〇〇人が前で頑張っていて、どうしても行くというなら、自分たちを踏み潰して行けと言ったと伝えられています。

津本　広家が体を張って秀元を止めたという格好ですが、秀元も何としても行こうと思えば行けたでしょう。やっぱり秀元自身に躊躇があったのでしょうね。

二木　秀元と広家は決して仲が良くないし、秀元は動こうと思えば動けたと思うのですが、秀元自身が、この天下の形勢を見たら動けないという判断があったのだと思います。

津本　広家のほうは、三成や恵瓊が大嫌いということもあって、誰がこんな奴らに味方してやるものかという気持ちが強かったようです。三成の人望のなさというのは、西軍には致命的だったといえますね。

二木　その点では、家康のほうがはるかに人望があり、当時の武将も家康の実力を知っていて、家康に勝たせるという流れもできたわけです。家康は根回しもうまく、大局を見る戦いができたために関ヶ原の戦いでも勝利を収めることができたのですが、ただし、一つだけ家康の気に入らないところがあるんです。それは、最終的に毛利を騙したことです。

二代目、三代目大名の考えの甘さ

津本　私も同感です。完全に騙していますからね。

二木　関ヶ原合戦までは、輝元が大坂城に入っていたことの責任は問わない、すべて周りがやったことなのだから責任を問わない、中立さえ保てばいいと家康は言っているんです。だから吉川広家は、中立を守って動きさえしなければ毛利を救えると信じて、その通りにやったわけです。大坂城を明け渡すまでも同じことを言っていて、黒田長政や本多忠勝、井伊直政といった重臣までもが誓紙を書いているのですから、信じたのも無理はないのですが。

津本　それで、まんまと騙されてしまうんですね。大坂城には、まだ兵が五万人ぐらいいましたから、徹底抗戦しようと思えば十分にできたし、西軍もまた集結したはずです。

二木　それが、すんなりと大坂城を明け渡したのだから、毛利はお人よしというか馬鹿というか……。

津本　毛利は一二〇万石から、長門と周防の二ヵ国だけの三七万石に一気に転落してしまうわけです。それも、最初は広家に与えられるということだったのを、広家が黒田長政や福島正則に必死に嘆願することで、本家毛利のものにしてもらい、輝元父子の生命も助けてもらったのです。広家にいうのは酷なような気もしますが、信長が天正十年（一五八二）に死んでから関ヶ原まで約二〇年です。その間に大名が二代目、三代目になって、考え方が非常に甘くなっていることに驚きますね。

二木　家康の手紙に騙されて、約束が守られなかった大名だってたくさんいるわけです。

津本　戦国時代の大名であれば、一歩間違えば身の破滅ですから、徹底したリアリストにならざるをえません。我が手に握った利益の分しか相手を信用しないわけで、起請文とかそんなものは一切信用しないんです。

二木　弱肉強食の時代ですから、力だけがすべてです。人質、政略結婚、裏切りなどいろいろなことがあるけれど、どっちにつくべきか、時勢の流れを見て見誤らないというのが、今の平和な時代に比べてはるかに生々しいんですね。

津本　それが、二代目、三代目になると一気に判断力が鈍くなる。わずか二〇年の間にどうしてそうなってしまうのかといえば、組織が出来上がったなかに安住してしまうので、思考停止状態になってしまうのでしょう。

二木　大名というのは博打打ちのようなもので、小さな領主同士が戦って、勝てば領地が増えるし、負ければ失業・倒産する。それを繰り返して大きくなったのが大名で、彼らには日本全体をどうするといった考えもなければ力もありません。天下を動かせるのは、やはり信長、秀吉、家康のレベルの人間だけです。関ヶ原でも、天下が混乱して、うまくいけば領土が広げられるかもしれないと考えているのは伊達政宗ぐらいで、後、前田が八〇万石ぐらいだから、ある程度中立的な態度をとることができた。残りの小大名は戦うしかないんです。

津本　関ヶ原も、家康はある程度前途を見通して、大博打をしかけたということがいえるでしょうね。

二木　家康は、関ヶ原合戦をやることによって天下の戦争を止めようという気持ちがあったと思います。信長、秀吉の時代はどんどこどんどこ拡大発展して天下を取っていったけれど、天下を統一したら戦争がないという不満が出てきた。その不満を解消するために朝鮮出兵をしたんです。関ヶ原の戦いは、軍事力という豊臣政権時代の膿をすべて出し切るためのものだったということもできます。

津本　実際、それから大坂の陣までは、ほとんど武器を持つようなことがなくなりました。

二木　家康にすれば、関ヶ原で乱世はお仕舞い。二年後に幕府を開いて江戸時代となりますが、それは戦争のない時代です。唯一の例外が大坂の陣ですが、大坂城にはお家が取り潰しになったとか、いわゆる関ヶ原浪人が一〇万人も集まっていた。彼らがいたのでは江戸の平和が保てないということで、ジェノサイドしたわけです。

津本　治安を守るための犠牲ということです。今から思えば残虐に見えるかもしれませんが、中国の専制君主に比べれば、信長にしても、ましてや秀吉、家康は非常に優しい君主です。漢の高祖以降、中国の専制君主は、自分がその地位に就くと、そこまで押し上げてくれた家来や友人を皆殺しにするんです。将来対抗する勢力になるかもしれないという心配だけで、初代の皇帝がやっていないときは二代目が、二代目がやっていないときは三代目がと、とにかく徹底しています。

二木　複合民族・複合社会と単一社会・単一民族の違いでしょうか。ところで、関ヶ原の頃の日本の兵力は世界屈指だったんですね。

津本　屈指どころか世界最強だと思います。関ヶ原で激突したぐらいの規模の戦争は、まだ外国にもありませんから。

二木　それに勝ったのだから、やはり家康は大したものです。それで、家康は武家諸法度をつくって、諸大名に江戸に人質を置かせたり養女を大名家に送ったりしている。毛利秀就も秀忠の養女をもらっています。そのときに、毛利輝元は秀就に対して「ご主人と思って仕えよ。決して逆らってはいけない」と手紙に書いています。

津本　時代が大きく変わったということでしょうね。

家康と元就には多くの共通点が

二木　家康は関ヶ原で勝利し、その体制ごと江戸幕府を開いたわけですが、秀頼はその後一五年生かしておいて、大坂夏の陣でようやく滅ぼしているのですが、その辺はどう思われますか。

津本　秀頼はなかなか頭がいいと西笑承兌（せいしょうじょうたい）などもほめているぐらいで。家康は、自分の子供の秀忠の器量が今一つとみて、このままでは危ないなという気がしたのではないでしょうか。

二木　秀頼は身長も六尺を超えた大男ということで……。

津本　そうですね。二メートル近い。それにそれまでの英雄たちが一代、二代で皆潰れていますから、徳川家もひょっとしたら長持ちしないんじゃないかという不安がよぎったのかもしれません。

二木　秀頼がある程度立派だったとしても、秀忠もそんなにぼんくらだったとは思いません。ただ、毛利元就の子供の隆元もそうであったように、父親が立派すぎたと言うことはあったと思います。

津本　あまりに立派な父親を持った子供は不幸だということですか。

二木　隆元自身がそう言っているんです。「名将の子供に生まれて自分は不幸だ」と。何でも遠慮して一歩も二歩も下がっているというコンプレックスを持っていたんですね。徳川秀忠も同じことです。

津本　隆元と秀忠に共通点があるように、毛利元就と徳川家康にも共通点がありますね。

二木　すごくあります。家康の関ヶ原合戦は五十九歳ですが、元就が厳島の合戦で勝って、個人の毛利商会から、中小企業を合併して国人領主連合のリーダーとして頭角を現すのも同じく五十九歳です。死んだのも二人とも七十五歳です。

津本　五十九歳といえば、今では八十歳近くといった感じでしょうか……。

二木　そうですね。そういう年齢で一大博打を打ったというのが凄いところですが、元就と家康に共通するのは戦略、智略です。じっくり周りを確かめて、人の心を読み、根回しをやってそれから行動するというのが、この二人のやり方です。元就は人使いが上手だったけれど、家康も負けず劣らずで、関ヶ原ではそれがフル活用された。その辺は小説ではどう書かれたのですか。

津本　家康は、かつて三方ヶ原で信玄にやられた逆を三成に対してやる。つまり策略によって西軍をどんどん自分のほうに引っ張り込んでいくわけです。家康にとっては、まさに命懸けの大博打ですが、それに脆くも西軍が引っかかって、わずか半日で潰れてしまう。あんな面白い話があるということは、小説に書いて初めてわかりました。

二木　元就は七十一歳で秀包（ひでかね）という末子（九男）をつくっているんです。今でいえば九十歳ぐらい……。

津本　信じられないぐらい元気ですね。

二木　家康にしても、六十二歳で将軍になり、六十四歳で大御所という、今でいう会長職に退くのだけれど、体制固めのための後継者養成に全力を尽くし、大坂城を滅ぼしたのは何と七十四歳のときです。

津本　死の直前まで成果を残している。

二木　この二人を見ていると、針金の入った線香花火のようで、長くピカッと光っていて、最後の光を発してパッと消えていく。もちろん運もあるのでしょうが、実に羨ましい生き方だと思います。

津本　元就も家康も組織のリーダーとしてのみならず、これから高齢化時代を生き抜く我々にとっても格好の理想像といえますね。

初出　『プレジデント』一九九七年五月号

つもと　よう　作家。一九二九年和歌山県生まれ。東北大学法学部卒。七八年に『深重の海』で直木賞受賞。九五年『夢のまた夢』で吉川英治文学賞、二〇〇五年菊池寛賞受賞。著書に『下天は夢か』『乾坤の夢』『修羅の剣』『龍馬』など。二〇一八年死去。

文庫版あとがき

本書『関ヶ原合戦――戦国のいちばん長い日』のもとは、昭和五十四年（一九七九）の中央公論『歴史と人物』十月号に掲載された拙文である。思い起こせば編集部の近藤大博氏から、関ヶ原合戦の特集号に、長編の合戦ドキュメントを書いて欲しい。それも終戦のときの宮城事件を扱い映画化もされていた大宅壮一氏の『日本のいちばん長い日』のような、合戦当日に焦点を当てたものにしたいという。

このとき構成案も浮かばず尻込みする私に、近藤氏はアメリカの飛行家・軍人で、一九二七年に大西洋横断無着陸飛行に成功したチャールス・リンドバーグの自伝をもとに、彼の友人であったビリー・ワイルダーの制作により、一九五七年にジェームス・スチュアート主演で映画化された『翼よ！あれが巴里の灯だ』のような、回想・フラッシュ－バックを用いてはどうかと言われた。このヒントを得た私は、一気に一二〇枚を書き上げた。題して「戦国のいちばん長い日」である。

のちに知ったことだが、大宅壮一氏の『日本のいちばん長い日』は、じつは『文藝春秋』編集部の半藤一利氏の著作で、社員の名前では出せないので、著名な大宅壮一の名前を借りたとのことであった。また『日本のいちばん長い日』の題名は、ノルマンディー上陸作戦を描いた映画『ザ・ロンゲスト・デー』からタイトルも書き方も拝借し、「日本の」をくっつけたとのことである（半藤一利『いま戦争と平和を語る』二〇一〇年七月・日本経済新聞出版社）。

ともあれ、関ヶ原合戦を九月十五日の一日にしぼってドキュメンタリーとした手法は反響を呼び、やがて中公新書としての出版企画が進められた。そこで編集担当となった青田吉正氏からの厳しい注文と助言を受けながら内容の充実につとめ、約三〇〇枚を書き上げた。書名は『関ヶ原合戦』とし、サブタイトルに当初からの「戦国のいちばん長い日」をつけ、昭和五十七年二月に刊行された。

本書は幸いなことに好評を得て版を重ね、二八刷となったが、出版から年数を経ているので、新書から除かれることになった。けれども編集部の藤平歩氏から中公文庫に引き継いで残すというお話をいただいた。その際、文庫化にあたり加筆することも考えたが、結局は新稿を加えないことにした。

私が本書を出版した約四〇年前、その頃関ヶ原合戦に関しては小説や歴史読み物は別にして、特筆できるものといえば、戦前の参謀本部編『日本戦史関原役』（全三冊）や徳富蘇峰著『近世日本国民史・関ヶ原役』など、戦後でも昭和三十～四十年代に刊行された『日本の合戦』（新人物往来社）や『戦乱日本の歴史』（小学館）シリーズのようなものだけであった。その後、戦国・安土桃山時代研究の盛行とともに、関ヶ原合戦に関する著作や論説も多く出された。むろん部分的な個々の事実の検証に関しては、見るべき業績もある。けれども日本全国を巻き込んだ東西の対決を、大局的な史観をもって論じた説得力のあるものはほとんどない。そうした研究者らの論説に対しては、これまでにも学会誌などの依頼を受けて書評や批判を行ってきたが、いま改めて触れる気はない。その代わりとして、私が新書初版本の上梓以降に行った関ヶ原関連の仕事の中から、特に綱淵謙錠・津本陽両氏、お二人の歴史作家との対談を加えることにした。

綱淵謙錠氏との対談「人間関ヶ原　三成と家康――勝敗を決めたのは二人の人間性だった」は、昭和六十二年（一九八七）の学研ムー歴史群像シリーズ④（後の『歴史群像』）『関ヶ原の戦い』に掲載されたものである。この中で私は今日伝えられている太閤秀吉の葬儀を記す書物類は、いずれも後世に作られた偽書と断定した。その上で、公的な葬儀が執り行えなかったのは、秀吉生前から政権の内部に分裂と権力闘争が根ざし、もはや収拾がつかないほどの状況にあったからで、このことが関ヶ原合戦勃発の起因になったという新説を述べた。

いま一方、津本陽氏との対談「『関ヶ原の戦い』に揺れた毛利一族」は、平成九年（一九九七）の『プレジデント』五月号に掲載されたものである。西軍の総大将に担がれた毛利輝元は、一族の小早川、吉川、安国寺恵瓊なども含めると、禄高では約一七〇万石にも及ぶ豊臣政権五大老のナンバーツーであった。しかし吉川広家は東軍家康側に内通し、小早川秀秋の裏切りは西軍の敗北となった。そこで関ヶ原合戦で毛利一族は何を成そうとしたのか。また家康は彼らをどう手玉に取ったのかなど、関ヶ原合戦の本質を語り合っている。

綱淵謙錠・津本陽の両氏は、すでに鬼籍に入られているが、お二人とも博識でスケールの大きな作家であり、お会いするといつも刺激を受け、学ばせていただくことが多かった。この「あとがき」を書きながら、生前のお二人との親交を、懐かしく思い浮かべていた。

令和三年（二〇二一）七月

二木謙一

『関ヶ原合戦』一九八二年二月　中公新書

文庫化に際して、巻末に「三成と家康――勝敗を決めたのは二人の人間性だった」「『関ヶ原の戦い』に揺れた毛利一族」の二つの対談を新たに収録しました。

中公文庫

関ケ原合戦
——戦国のいちばん長い日

2021年8月25日　初版発行

著　者　二木謙一
発行者　松田陽三
発行所　中央公論新社
〒100-8152　東京都千代田区大手町1-7-1
電話　販売　03-5299-1730　編集　03-5299-1890
URL http://www.chuko.co.jp/

ＤＴＰ　嵐下英治
印　刷　三晃印刷
製　本　小泉製本

Printed in Japan　ISBN978-4-12-207103-2 C1121

各書目の下段の数字はISBNコードです。978－4－12が省略してあります。

中公文庫既刊より

つ-13-8　忍者月輪（がちりん）　津本陽

こんな忍び、見たことない！　信長の村重討伐、毛利水軍との海戦、本願寺包囲、因幡乱入……そこにいつも無双の忍者・伝兵衛がいた。〈解説〉松木武彦

206310-5

た-58-21　さむらい道（みち）（上）　最上義光（よしあき）　表の合戦・奥の合戦　高橋義夫

山形の大守・最上義守の子として生まれ、父との確執、天童・白鳥・伊達氏らとの峻烈な内憂外患を乗り越え、名藩主として君臨した最上義光の実像に迫る！

206834-6

た-58-22　さむらい道（下）　最上義光　もうひとつの関ヶ原　高橋義夫

甥の伊達政宗との確執から、天下分け目の戦における上杉軍との死闘までを克明に描き、義光が追求した「さむらい道」の真髄に迫る著者渾身の歴史巨篇！

206835-3

な-65-1　うつけの采配（上）　中路啓太

関ヶ原の合戦前夜——。誰もが己の利を求める中、ただ一人、毛利百二十万石の存続のため奔走した男・吉川広家の苦悩と葛藤を描いた傑作歴史小説！

206019-7

な-65-2　うつけの采配（下）　中路啓太

小早川隆景の遺言とは正反対に、安国寺恵瓊の主導により天下取りを狙い始めた毛利本家。はたして吉川広家は家を守り抜くことができるのか？〈解説〉本郷和人

206020-3

な-65-3　獅子は死せず（上）　中路啓太

加藤清正ら名だたる武将にその武勇を賞賛された武将・毛利勝永。関ヶ原の合戦で西軍についたため、領地没収をされた男が、大坂の陣で最後の戦いに賭ける！

206192-7

な-65-4　獅子は死せず（下）　中路啓太

誰より理知的で、かつ自らも抑えきれない生命力を有し、家族や家臣への深い愛情を宿した戦国最後の猛将の生涯。『うつけの采配』の著者によるもう一つの傑作。

206193-4